월급날의 기적을 기다리지 않기로 했다

저축과 투자의 습관을 기르는 재테크 첫걸음

월급날의 기적을 기다리지 않기로 했다

유승근 지음

책과나무

당신도 인생을 바꿀 수 있다

"우리가 원하는 변화는 우리 자신으로부터 시작된다."
—마하트마 간디

이 책은 나의 이야기가 아니다. 사실, 내가 아무리 재정 관리를 잘했다 하더라도, 그것은 '나'의 이야기일 뿐이다. 중요한 건 지금 이 순간, 바로 당신의 이야기다. 그렇다, 이 책은 당신의 이야기로 채워져야 한다. '나도 할 수 있을까?'라는 질문이 머릿속에 떠오를지도 모르겠다. 그 질문에 대한 답은 '당신이 이 책을 열었던 순간부터' 이미 시작되고 있다. 경제적 자유는 특별한 재능이 있는 사람만 누리는 특권이 아니다. 누구에게나 열려 있고, 특히 당신에게도 충분히 가능한 이야기다.

경제적 자유를 얻는 과정은 결코 마법처럼 쉽게 이루어지지 않는다. 대박 한 방이나 로또 1등 같은 꿈은 현실이 아니다. 현실적인 경제적 자유는, 다시 말해 파이어(FIRE) 운동[1]처럼, 꾸준한 절약과 현

---

[1] FIRE(Financial Independence, Retire Early)의 약자로 1990년대 미국에서 시작되어, 재정적 독립과 조기 은퇴를 목표로 하는 운동이다.

명한 투자를 통해 경제적 독립을 이루고, 일찍 은퇴하여 원하는 삶을 살 수 있는 상태를 의미한다. 경제적 자유를 통해, 매일 회사에 매달리지 않고 자유롭게 여행을 떠나거나 가족과 더 많은 시간을 보내는 등의 선택을 할 수 있는 것이다.

이 책의 첫걸음은 작고 사소하다. 그게 바로 당신의 선택이다.

'그럼 내가 어떤 선택을 해야 하지?'

고민될 것이다. 걱정하지 마라. 작은 선택 하나가 큰 변화를 만든다. 그리고 그 변화는 곧 당신의 이야기를 완성해 나간다. FIRE 운동을 목표로 하는 사람들은 바로 이런 작은 선택을 통해 빠르게 재정적 독립을 이루려는 의지를 다진다.

이제부터는 당신이 주인공이다. 마치 영화를 보듯, 잠시 상상해 보자. 카메라가 당신을 비추고, 스토리가 펼쳐진다. 당신은 지금껏 무심코 지나쳤던 작은 선택들이 결국 큰 결과로 이어졌음을 깨닫게 된다. 하루하루 쌓아 온 작은 습관들이 미래의 당신을 어떻게 바꿔 놓을지 상상해 본 적이 있는가? 오늘 한 번의 커피를 줄이는 것이 1년 뒤의 당신에게 어떤 선물을 줄지 상상해 본 적 있는가? 지금의 이 작은 선택들이 나중에 커다란 변화의 시발점이 된다.

사실, 우리가 꿈꾸는 경제적 자유는 마법 같은 것이 아니다. FIRE 운동처럼 차근차근 계획을 세워 나가다 보면, 결국 당신은 원하던 삶을 살아갈 수 있게 된다. 경제적 자유란 인생을 원하는 방식으로 살 수 있는 선택권과도 같다.

이 책을 읽는 당신이 '아, 나도 할 수 있겠네.'라는 마음이 든다면,

이미 절반은 성공했다. 왜냐하면 모든 변화는 바로 그 마음에서 시작하기 때문이다. 생각이 바뀌면 행동이 바뀌고, 행동이 바뀌면 삶이 바뀐다. 지금 이 순간 당신이 '나도 할 수 있다'는 생각을 하게 되면, 당신의 이야기 또한 변화하기 시작한다. 이 책은 그저 안내서일 뿐이다. 진짜 이야기는 당신이 만들어 가는 것이다.

처음엔 느리게 시작하더라도 괜찮다. 마치 자전거를 처음 배울 때처럼, 페달을 천천히 밟다가, 점점 더 속도를 내면 어느 순간 바람을 가르며 달리게 된다. 재정 관리도 마찬가지다. 이제 그 첫 페이지를 넘겨라. 이제는 당신의 이야기를 써 내려가야 할 시간이다.

2026년 새해

유승근

통장의 마지막 숫자, 절망인 줄 알았는데 시작이었어!

"절망은 때때로 새로운 시작을 향한 자극이 된다."
—조지프 캠벨

월급일이 가까워지는 어느 날, 한 번쯤 이런 순간을 마주해 봤을 것이다. 무심코 은행 앱을 열었는데 손에 땀을 쥐게 만드는 통장 잔고가 눈앞에 보일 때. '설마 내가 이 정도였나?'라는 현실 부정과 함께 믿었던 누군가에게 세게 뒤통수를 맞은 기분. 눈이 휘둥그레지며 한참 동안 그 숫자를 멍하니 바라보게 된다. 그 순간은 정말 처참하다. 아무리 한숨을 내쉬고 눈을 비벼도, 숫자는 변하지 않고 차가운 현실만이 남아 있다. 가슴 속에서 점점 불안이 차오르고, '내가 이렇게 살 수밖에 없는 건가' 하는 자책과 두려움이 밀려온다. 그동안 무심코 지나쳐 왔던 소비 습관들이 한꺼번에 떠오르면서 과연 내가 돈을 제대로 썼는지 되돌아보게 된다.

바로 이 순간, 진정한 변화의 첫걸음이 시작된다.

절망의 순간이 다가왔을 때, 사람들은 보통 두 가지 중 하나를 선택한다. 그저 바닥나 버린 잔고를 다시 채우기 위해 더 열심히 일하려 하거나 이 상황에서 빠져나갈 방법을 찾기 위해 돈과의 관계를 새롭게 정의하려 한다. 이 책은 후자를 선택한 이들을 위한 것이다. 무조건 돈을 더 많이 버는 것만이 정답이 아님을 깨닫는 순간, 변화는 시작된다.

통장이 바닥을 친 순간이야말로 소비를 재정비할 수 있는 기회가 된다. '이 돈을 어디에 썼는가?'라는 질문을 던지면서 무심코 썼던 돈의 흔적을 되짚어 본다. 불필요한 소비를 줄이는 데 집중하지 않고, 먼저 돈의 흐름을 파악하는 것이 첫 단계다. 통장 잔고가 줄어든 원인을 파악한 후에는 작은 변화가 시작된다. 더 이상 돈이 나를 통제하지 못하게 하고, 내가 돈을 통제하기 시작하는 것이다.

통장의 숫자가 적다는 사실 자체는 문제가 아니다. 문제는 그 숫자가 우리에게 주는 절망감에 있다. 그러나 이 절망감이 바로 새로운 기회를 만들어 낸다. 통장 잔고가 바닥난 상황에서 '무엇을 더 줄여야 할까.'라는 질문이 아닌, '어떻게 하면 나에게 진정으로 가치 있는 소비를 할 수 있을까.'라는 질문을 던져 본다.

그리고 이 사소한 질문 하나가 큰 변화를 만든다. 소비를 줄이겠다는 생각은 잠시 접어 두고 나의 소비 패턴을 돌이켜본다. 스마트폰 속 통장 앱을 확인하는 습관 대신 한 달 동안의 소비 내역을 기록해 본다. 기록을 통해 나의 소비 습관이 나를 얼마나 지배해 왔는지 깨닫게 된다.

절망에서 벗어나는 첫걸음은 '의미 있는 소비'로의 전환이다. 무조건 허리띠를 조르는 것이 아니라, 나의 가치를 반영한 소비를 하겠다고 결심하는 순간, 통장의 마지막 숫자는 더 이상 두려움의 대상이 아니다. 숫자가 바닥에 다다를수록, 우리는 새로운 방향을 정하고 새로운 목표를 향해 나아가게 된다. **절망의 순간이 변화의 기회로 바뀌는 그 순간, 진정한 경제적 자유로의 첫걸음을 내딛게 될 것이다.**

그럼 본격적으로 그 첫걸음을 딛기 전, 필자가 월급에서 시작해 자산을 키우기까지의 과정을 먼저 정리해 보도록 하겠다. 처음 재테크를 시작한 건, 그저 가족을 위해 안정적인 미래를 준비하고 싶다는 마음에서였다. 나는 20년간 삼성에서 근무했고, 아내는 외국계 보험회사에서 25년째 근무 중이다. 맞벌이 가정으로서 비교적 안정적인 수입이 있었지만, 단순히 월급에 의존하는 것이 아니라 돈이 스스로 일하게 만드는 것이 중요하다고 생각했다.

▶ 시드머니 마련

우리는 부부 월급의 60%를 비상금 · 적금 · 예금 · 펀드 · 대출 이자 등으로 운영하며 종잣돈을 꾸준히 모았다. 올해로 아이들이 대학에 진학한 이후부터는 교육비 부담이 줄어들면서 재투자 비율을 70% 이상으로 확대할 수 있었다. 현재(2025년 기준), 부부 월급 1,400만 원, 부동산 월세 1,300만 원, 기타 300만 원 소득을 바탕으로 자산을 운영해 오고 있다.

▶ 첫 투자: 차이나·인도 펀드에서 부동산으로

　2000년대 초반, 해외 펀드가 인기를 끌던 시기에 나는 차이나 펀드와 인도 펀드에 투자해 100% 이상의 수익률로 원금 포함하여 2.5억 원이 넘는 종잣돈을 만들었다. 이때의 수익을 바탕으로 본격적인 부동산 투자에 뛰어들었다. 처음에는 경매를 활용한 특수 물건(유치권 관련)에 관심을 두고, 수원 오피스텔과 잠실 빌라를 낙찰받았다. 경매 투자 수익은 1억 원 수준으로 기대만큼 크지 않았으나, 경매의 프로세스를 익히고 리스크 관리에 대한 경험을 쌓을 수 있었다.

▶ 경희궁자이: 10년의 기다림, 10억 원의 차익

　부동산 투자에서 가장 큰 수익을 거둔 사례는 종로구 '경희궁자이' 재건축 조합 지분 투자였다. 2014년 6월, 조합원 지분을 5억 원에 매입했고, 10년 후인 2024년 11월, 16.5억 원에 매도하면서 양도세를 제외하고 10억 원 가까운 순이익을 실현했다. 투자에서는 타이밍과 긴 안목이 중요하다는 것을 다시 한번 깨닫게 된 사례였다.

▶ 현금흐름을 만드는 투자: 평택 고덕 상가·다가구 건축

2019년 2월, 삼성전자 반도체 공장 개발 호재를 바탕으로 평택 고덕에 다가구 주택과 상가 주택을 건축했다. 현재 이 부동산에서 월 1,300만 원의 월세 수익을 꾸준히 창출하고 있으며, 아직 3억 원의 대출 원금이 남아 있지만 안정적인 현금흐름을 유지하고 있다. 단순한 시세차익을 노리는 투자보다 지속적으로 현금을 벌어들이는 구조를 만드는 것이 중요하다는 점을 배웠다.

▶ 새로운 도전: 대부업 운영으로 수익 다각화

2024년 11월부터 대부업 법인을 설립해 운영 중이며, 담보 중심 대출과 차주 상환 능력 분석, LTV 관리를 통해 리스크를 통제하는 방식으로 사업을 설계했다. 현재 투입 자본 대비 약 16.5%의 수익률을 유지하며 월 1,000만 원 내외의 안정적인 수익을 내고 있고, 아직 초기 단계지만 단기 수익보다 지속 가능한 확장에 초점을 두고 있다. 2004년 4월, 결혼과 동시에 서울 신도림에서 전세 1억 원으로 시작한 가정의 순자산은 21년 만에 약 50억 원으로 성장했다. 이는 월급을 모으고 작은 투자부터 경험을 쌓아 온 누적의 결과였으며, 재테크는 결국 돈의 크기가 아니라 흐름을 이해하는 과정임을 깨닫게 했다.

CONTENTS

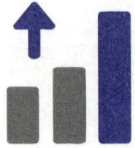

Part 1 ▶ 돈을 움직이는 마음의 힘

Part 2 ▶ 돈이 말해 주는 나의 건강 상태

Part 3 ▶ 돈을 움직이는 기술

Part 7 ▶ 초보 투자자를 위한 인사이트

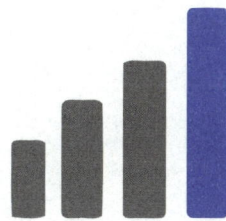

Part 1

▶

돈을 움직이는
마음의 힘

"The biggest change in life comes not from the
value of what we have,
but from how we see that value."

"인생의 가장 큰 변화는 우리가 가진 것의 가치보다
그 가치를 바라보는 방식에서 온다."

- Warren Buffett(워런 버핏)

무엇이 부자를
만드는가?

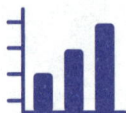

"부자는 타고난다"는 말, 많이 들어봤을 것이다. 어린 시절부터 금수저를 물고 태어난 이들은 어쩌면 부자의 길을 쉽게 걸을 수 있을지 모른다. 하지만 현실은 항상 마음 같지 않은 것. 대부분의 사람은 그 반대의 길을 걷는다. 처음부터 가진 것 없는 상태에서 어떻게 부자가 될 수 있었을까? 바로 마인드셋에서 답을 찾아야 한다. 후천적으로 부를 이룬 사람들의 공통된 이야기는 이 한마디로 요약된다.

'마인드를 바꿔라.'

이 마인드를 바꾸는 일이 말처럼 쉬운 것은 아니다. 대부분의 사람은 '난 원래 안 돼.'라거나, '재테크?[2] 나랑은 상관없는 이야기야.'라고 생각하며 시도조차 하지 않는다. 그렇기에 마인드를 바꾸는 일이 부자가 되는 가장 중요한 첫걸음이다. 부자가 되는 생각은 사소한 것부터 시작된다. 마치 작은 물방울이 끊임없이 떨어져 바위를 뚫는 것처럼 당신의 사고방식은 하루하루 당신의 경제적 미래를 조금씩 바꾸어 나간다.

필자는 마인드를 바꾸는 첫걸음으로 외식을 줄이는 것을 선택했다. 처음에는 당연히 어려웠다. 막상 나가서 먹는 걸 줄이려고 하니, 외식이 그냥 밖에서 먹는 식사가 아님을 깨달았다. 친구들과의 만남이자, 동료들과의 관계를 유지하는 방법이기도 했다. 매일 아침 커피를 사 마시던 습관을 바꾸는 것도 생각보다 힘들었다. 아침마다 익숙한 카페에 들러 커피를 사 마시고, 점심 후에도 한 잔씩 더하는 습관은 어느새 내 삶의 중요한 한 부분이 되어 있었다. 과연 지금 당장 커피 한 잔을 줄이는 것이 어떻게 나의 경제적 미래를 바꿀 수 있단 말인가?

그 변화는 아주 사소하게 시작되었다. '오늘은 그냥 집에서 커피를 마셔 볼까?'라고 스스로 질문을 던졌고, 그 작은 선택이 쌓여 습관이 되었다. 작은 변화가 점점 더 커지면서 필자의 재정 상태는 눈에 띄게 좋아지기 시작했다. 매일 사 마시던 커피 대신 집에서 캡슐 커피를 즐겼고, 그렇게 절약한 돈을 저축하거나 투자에 활용했다.

---

2 재테크는 '재무(財務)'+'테크 (technique/technology)'의 합성어로, 자산을 효율적으로 운용하여 부를 증대시키는 경제 활동을 의미한다. 이 용어는 1980~1990년대 한국에서 대중화되었다.

"지금이 어느 시대인데 아직도 이런 구시대적 이야기를 하느냐?"라고 묻는 이들도 있을 것이다. 딱 100일만 노력해 보라. 100일 동안 소비 습관을 조금씩 바꾸고 작은 절약을 실천해 보라. 놀라운 변화를 경험할 것이다. 100일은 길지 않다. 하지만 그 시간 동안 작은 행동이 쌓이면, 당신의 삶은 어느새 눈에 보이지 않게 변해 있을 것이다. 마인드를 바꿔야 한다는 것은 무조건 허리를 졸라매라는 이야기가 아니다. 부자처럼 생각하는 방법을 몸에 익히는 것이다.

부자들은 항상 앞을 내다보고 행동한다. 눈앞에 당장 보이는 유혹을 이기고, 장기적인 이익을 선택한다. 그들이 매일 외식을 줄이고 커피를 아끼는 이유는 그 돈이 모여 미래의 자신에게 어떤 기회를 줄 수 있을지를 알기 때문이다.

부자가 되기 위한 또 다른 지름길 하나는 남의 시선에서 벗어나는 것이다. 예를 들어, 스마트폰이 출시될 때마다 사람들은 너도나도 최신 기종으로 바꾼다. 주변 사람들은 새로운 디자인과 추가된 기능을 이유로 새로운 폰을 자랑하곤 했다. 하지만 필자는 충분히 만족스러운 기존 스마트폰을 계속 사용했다. 남의 눈에 잘 보이기 위해서, 남들과 비슷한 소비를 하기 위해서 돈을 쓰는 대신, 나 자신을 위한 소비를 선택하기 시작했다.

비슷한 원칙을 옷장 정리에도 적용했다. 계절이 바뀔 때마다 필요 없는 옷과 다음 계절을 위해 보관해야 할 옷을 정리한다. 덕분에 최근 2~3년간 한 번도 입지 않은 채 먼지만 쌓인 옷은 하나도 없다. 같은 색상의 옷을 중복해서 사지도 않고, 순간적인 욕망으로 충동구매를 하지도 않는다.

이 작은 차이가 바로 부자 마인드셋의 시작이다. 나 자신을 위한 소비란, 진정한 필요와 가치에 따라 돈을 사용하는 것이다. 남이 나를 어떻게 보는지는 중요하지 않다. 중요한 것은 내가 원하는 삶을 사는 것이다. 나의 목표에 맞춰, 나의 필요에 맞춰 돈을 쓰는 것이 바로 부자들의 사고방식이다.

마인드를 바꾸면 행동이 바뀐다. 그리고 행동이 바뀌면, 그 행동들이 습관이 된다. 외식과 커피 습관을 바꾼 작은 경험을 시작으로 절약이 생활화되었고, 그 과정에서 경제적 자유를 향한 첫걸음을 내디뎠다. 중요한 것은 그 습관이 무리한 절약이 아니라 지속 가능한 변화로 자리 잡았다는 점이다.

하나의 습관이 바뀌니 자신감이 붙었다. 이제는 필요 없는 물건은 사지 않기로 결심했다. TV 광고나 인터넷 쇼핑몰에서 물건을 보고 '저거 사야겠다!'라고 충동적으로 생각했던 순간들이 있었다. 하지만 그 순간마다 스스로에게 물었다. '정말 사야 할까?' 대부분의 경우, 그 답은 '아니오.'였다. 그렇게 구매를 포기할 때마다 필자는 돈을 아꼈고, 그 돈은 결국 더 중요한 목표를 위해 사용되었다.

이처럼 작은 습관의 변화가 쌓이면서 재정 상태는 점점 나아졌다. 그리고 무엇보다 중요한 건, 이런 과정이 스트레스가 아니라 즐거움으로 다가오기 시작했다는 것이다. 내가 절약하는 만큼 그 절약한 돈이 쌓여 나를 위한 투자로 전환되었고 그 투자가 다시 내 삶의 기회를 넓혀 주었다.

'나도 할 수 있다.'라는 마음이 필요하다. 이 글을 읽으며 '과연 나도 할 수 있을까?'라는 생각이 들 수 있다. 하지만 필자는 분명히 말할 수 있다. 당신도 할 수 있다. 중요한 것은 처음부터 거창한 목표를 세우는 것이 아니다. 지금 당장 할 수 있는 작은 한 걸음을 내딛는 것이 중요하다.

필자는 커피 한 잔, 외식 한 번 줄이는 것으로 시작했다. 그것이 당신의 출발점이 될 수 있다. 작은 실천이 쌓여 큰 변화를 만든다. 그리고 그 변화는 당신의 미래를 바꿀 것이다. 부자의 마인드셋은 특별한 재능이나 행운을 타고난 사람들만이 가질 수 있는 것이 아니다. 당신도 가질 수 있는 사고방식이다. 오늘부터 작은 변화를 실천해 보자. 작은 절약, 작은 선택이 쌓이면, 1년 뒤, 5년 뒤 당신은 지금과 완전히 다른 경제적 상태에 도달해 있을 것이다.

나폴레온 힐(Napoleon Hill)은 이렇게 말했다.

"무엇을 생각하고 믿느냐에 따라 이룰 수 있다(Whatever the mind of man can conceive and believe, it can achieve)."

우리는 종종 '과연 내가 할 수 있을까?'라는 의심 속에서 스스로를 제한한다. 하지만 자기 확신을 가진 사람은 한계를 뛰어넘는다.

- 에디슨은 1,000번 넘게 실패하면서도 전구 발명을 포기하지 않았다.
- 스티브 잡스는 '세상을 바꿀 수 있다'는 믿음으로 애플을 세웠다.

● 일론 머스크는 '화성에 인간이 살 수 있다'는 비전을 현실로 만들고 있다.

이들은 남들이 비웃을 때도, 실패가 이어질 때도 자신의 가능성을 믿었다. 그리고 그 믿음이 행동을 만들었고 결국 현실이 되었다. 이는 긍정적인 생각과 신념이 성공을 이루는 데 얼마나 중요한지 잘 보여 준다. 물론 무작정 '기도매매'나 '존버'가 정답이라는 말은 아니다. 지금 당장은 상황이 좋지 않지만, 어떤 근거든 본인이 상황이 좋아질 수 있다고 판단하고 그 판단에 대한 확신이 선다면 주변에 흔들리지 말고 나의 주관대로 기다리면 된다. 다만 매도해야 한다고 판단된다면 그땐 나오는 것이 맞다. 중요한 것은 주위의 반응과 트렌드에 너무 일희일비하지 않는 것이다. '내'가 주도하는 소비처럼, '내'가 주도하는 투자는 성공에 더 가까이 데려다줄 것이다.

필자는 어릴 적 양궁 선수로 활동하며 몸과 마음을 단련하는 법을 배울 수 있었다. 어쩌면 운동선수로 활동했던 기간에 많은 실패와 좌절을 경험하면서 내공을 쌓았던 것 같다. 그리고 어떤 승리도 운으로 이루어지는 것은 없다는 이치를 남들보다 조금 일찍 터득했던 것 같다. 이렇게 얻은 경험과 개념을 기반으로 어떤 투자든 목표를 허무맹랑하게 설정하지 않고 매년 15%의 수익을 목표로 삼았다. 초기 투자 금액이 적더라도 꾸준히 투자해 작은 성공을 경험하며 자신감을 키웠다. 이러한 접근으로 자신감이 생겼고, 가족에게 투자 성과를 자랑할 수도 있었다.

부자 마인드셋을 가지면 삶을 마주하는 태도도 달라진다. 필자는 실패를 두려워하지 않고, 오히려 실패를 통해 배우고 성장하는 자세를 가지게 되었다. 물론 재건축 투자에 물리고, 주식투자에서도 비자발적 장기 투자자가 되었던 한두 번의 실패가 있었지만, 이를 통해 더 나은 투자 전략을 개발할 수 있었다. 이러한 경험은 장기적으로는 성공하는 데 큰 도움이 되었다.

성공은 실패의
흔적에서 나온다

성공이라는 단어는 언제나 반짝거린다. 사람들은 누군가의 화려한 결과를 보며 감탄하고, "저 사람은 뭔가 특별한 게 있겠지."라고 말한다. 나도 한때 그렇게 생각했다. 특별한 운, 대단한 배경, 타고난 재능이 있어야 부자가 되는 줄 알았다. 하지만 내 경험을 통해 깨달은 건 전혀 달랐다. 성공은 눈에 띄지 않는 실패의 흔적 위에 조용히 쌓이는 것이었다.

나는 김포 강화도의 작은 시골 마을에서 농사짓는 아버지를 보며 자랐다. 아버지는 늘 새벽부터 논밭으로 향했고, 계절 따라 움직이며 온몸으로 일하셨다. 하지만 그런 땀과 수고에도 불구하고, 생활은 늘 빠듯했다. 어릴 적 나는 이런 생각을 자주 했다.

'왜 우리 집은 항상 돈이 없을까?'

나중에야 알게 되었다. 돈이 없는 게 아니라, 돈의 흐름을 몰랐기 때문이라는 걸. 농사를 짓는 것도 중요하지만, 그 농산물을 언제, 어디에, 어떻게 팔지 아는 사람이 결국 돈을 벌 수 있다는 사실을.

이후 도시로 나와 삼성에 입사하고, 사회생활을 시작했다. 안정적인 월급, 신용카드, 대출 상품. 회사는 커졌고 내 연봉도 따라 올라갔다. 그런데 이상하게도, 월급날이 지나면 통장 잔고는 늘 바닥을 드러냈다. 그때 깨달았다. 어릴 적 아버지의 고민이 내 안에 고스란히 반복되고 있다는 것을. 아무리 많이 벌어도 관리하지 못하면 소용이 없다는 사실을 말이다.

"실패는 누구에게나 온다. 하지만 그 실패에서 배우는 사람은 많지 않다." 성공한 사람들의 삶을 들여다보면 겉으로는 번쩍이는 성과만 눈에 띈다. 하지만 그 화려한 결과 뒤에는 수없이 많은 실패의 그림자가 있다. 내가 삼성에서 20년간 직장 생활을 하며 가장 인상 깊었던 순간은 사업의 성공보다도, 위기를 기회로 바꾸는 과정에서 직원들이 보여 준 실패 이후의 태도였다.

특히 기억나는 건 SCM(공급망 관리) 프로젝트에서의 대규모 납기 오류였다. 예측이 빗나가며 2개월 치 재고가 쌓였고, 그로 인해 손실 규모도 상당했다. 당시 팀원 모두가 좌절했지만, 그 실패를 분석하고 전 과정을 복기하면서 우리는 시스템을 개선해 이후에는 정반대의 효율화를 이뤄 냈다. 실패를 그냥 넘겼다면 절대 불가능했을 결과였다.

스물아홉, 처음으로 투자에 관심을 가졌다. 한참 차이나 펀드와 인도 펀드가 붐이던 시절, 필자도 투자금 1억 원을 넣었다. 결과는? 2년 만에 원금이 두 배 이상이 되었다. 세상에, 이렇게 돈이 쉽게 불어나는 거라면 왜 진작 안 했을까 싶었다. 하지만 그 수익 때문에 방심하고 말았다. 마치 초보 골퍼가 첫 라운드에서 버디를 잡고 자신감이 과잉되듯이, 필자도 금융 초보로서 너무 빨리 성공을 맛본 것이다.

이후 무리한 투자가 시작됐다. 아무 분석 없이 지인의 소개로 특수 경매 물건에 손을 댔고, 법적 리스크에 휘말릴 뻔했다. 수원 오피스텔은 공실로 수익이 나지 않았고, 잠실 빌라는 세입자 퇴거 시 전세금 문제로 골머리를 앓았다. 이때 느꼈다.

'돈은 생각보다 훨씬 빨리 사라지고, 준비 없는 투자는 사람을 한순간에 벼랑 끝으로 몰아넣는다.'

하지만 이 실패들이 있었기에, 2014년 경희궁자이 재건축 지분을 매수할 수 있었다. 처음엔 두려웠다. 5억 원이라는 자금, 조합원 지분의 복잡한 구조, 그리고 '이게 잘못되면 어떻게 하지.'라는 불안감. 하지만 그동안의 실패를 통해 한 가지 교훈을 얻고 있었다.

'좋은 입지와 확실한 개발이 예정된 지역이라면, 그것만큼 안전한 투자처는 없다.'

이 기준은 단 한 번의 책이나 강연이 아닌, 내 실패의 경험에서 얻은 지침이었다.

결과적으로 경희궁자이 지분은 10년 만에 16.5억 원으로 매각되었고, 약 10억 원의 순이익을 남겼다. 하지만 나는 이 수익보다, '그때 올바른 선택을 할 수 있었던 나'를 더 소중하게 생각한다. 그것은 누군가가 알려 준 공식이 아니라, 내가 내린 결정이었기 때문이다. 실패는 나를 성장시켰고, 실패 덕분에 나만의 기준을 갖게 되었다.

실패는 마치 눈에 보이지 않는 샌드백 같다. 맞을 땐 아프고 억울하지만, 그것을 견디며 실력을 다지게 된다. 수십 번의 무리한 투자, 사기 같은 조건의 제안, 열정만 앞섰던 계획들. 그 모든 경험이 결국 지금의 나를 만들었다. 중요한 건 '성공한 적이 있느냐'가 아니라, '실패했을 때 어떻게 일어났느냐'이다.

실패를 피하려고만 하면 어떤 교훈도 얻지 못한다. 실패를 분석하고, 기록하고, 개선하는 데까지 이르면 그것은 곧 자산이 된다. 나는 이 과정을 '실패의 정리정돈'이라고 부른다. 대부분의 사람은 실패를 감추고, 애써 잊어버리려 한다. 그러나 실패를 인정하고 마주하면, 거기서 반드시 다음 스텝이 보인다.

사람들은 "투자는 자신과의 싸움"이라고 말한다. 맞는 말이다. 나를 통제하고 감정을 관리하며 실패를 교훈으로 삼는 것, 그것이 진짜 투자자의 길이다. 나는 오늘도 새로운 실패를 두려워하지 않는다. 실패는 나를 바꾸고, 성장시킨다는 걸 알기 때문이다.

그리고 지금 이 글을 읽고 있는 당신이 과거에 어떤 실패를 했든,

괜찮다. 중요한 건 앞으로 어떻게 그 실패를 바라보느냐이다. 실패를 부끄러워하지 말고, 당신만의 교과서로 삼아라. 그렇게 조금씩, 아주 조금씩 변화하다 보면 어느 날 당신도 분명 '성공한 사람'이 되어 있을 것이다.

실패를 기회로 바꾼
워런 버핏의 첫 투자 실패

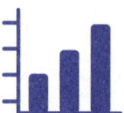

재테크 좀 한다는 사람들에게 성공의 아이콘으로 불리는 워런 버핏[3] 도 처음부터 성공 가도를 달린 것은 아니다. 그의 투자 인생에서도 여러 번의 굴곡이 있었고, 그중 하나는 그가 텍스타일 회사 버크셔 해서웨이를 인수하면서 마주한 첫 번째 큰 실패였다.

---

3 워런 에드워드 버핏(Warren Edward Buffett, 1930년 8월 30일~)은 미국의 기업인이자 투자가이다. 뛰어난 투자 실력과 기부 활동으로 인해 흔히 '오마하의 현인'이라고 불린다. 2010년 기준으로, 포브스지는 버핏 회장을 세계에서 3번째 부자로 선정하였다. 2020년 기준으로 버핏은 29억 달러(약 3조 5,000억 원) 상당의 버크셔 해서웨이 주식을 자선단체에 기부하며 자산이 감소했다. 버핏은 총자산 규모 692억 달러(약 83조 1,100억 원)로 세계 10위에 이름을 올렸다. 1958년 당시 3만 1,500달러를 주고 산 집에서 아직도 살고 있고, 매일 아침은 3달러가 조금 넘는 맥도널드 아침 메뉴로 해결한다. 검소한 삶을 살지만, 자선 재단을 설립해 막대한 돈을 기부하고 있다.

BERKSHIRE HATHAWAY INC.

▲ 자료: https://www.berkshirehathaway.com/

▶ 버크셔 해서웨이: 어리석은 인수?

1960년대 초반, 버핏은 뉴잉글랜드 지역의 낡은 섬유 공장인 버크셔 해서웨이를 눈여겨보게 된다. 당시 이 회사는 이미 사양 산업으로 접어든 섬유 산업에 발을 담그고 있었고, 주가도 그리 좋지 않았다. 하지만 버핏은 텍스타일 업계의 주식들이 일정 주기로 매도와 매입을 반복하는 패턴을 발견하면서 이 패턴에 동승할 생각에 인수를 결정했다. 인수할 때만 해도 주식을 사고팔며 짧은 시간 안에 이익을 낼 수 있으리라고 판단했다.

처음엔 그의 전략이 맞아떨어졌다. 그는 버크셔 해서웨이 주식을 적당한 가격에 매입한 후 상황을 주시했다. 기다리고 있으면, 경영진이 회사의 자산을 정리하고 배당금을 주주들에게 나눠 줄 것이라고 예상했다. 하지만 그런 장밋빛 큰 그림은 보기 좋게 빗나갔다. 당시 버크셔 해서웨이의 경영진은 오히려 주식을 조금씩 다시 사들이며 회사를 유지할 계획을 세우고 있던 것이다.

여기서부터 일이 꼬이기 시작했다. 버핏은 분노에 차서 원래 세웠던 계획과는 전혀 다르게 행동했다. 경영진이 회사를 정리하지 않으려 하자, 그는 아예 회사를 통째로 인수하기로 결심한 것이다. 이성이 아닌 감정으로 내린 결정이었다. 버크셔 해서웨이는 버핏의 손에 들어왔고, 그제야 상황이 생각보다 심각하다는 것을 깨달았다. 섬유 산업은 이미 사양길에 접어들었고, 이 회사는 침몰하는 배였던 것이다.

▶ 침몰하는 배에서 배운 교훈

버크셔 해서웨이를 인수한 후, 버핏은 회사를 살리기 위해 온갖 방법을 동원했다. 새로운 기계를 들여오고 생산성을 높이려 했지만, 아무리 노력해도 섬유 산업의 침체는 인력으로는 돌이킬 수 없는 일이었다. 버크셔 해서웨이는 거대한 흑역사로 남을 위기에 처했다. 버핏은 이 회사를 인수한 것을 두고두고 후회했다. 버크셔 해서웨이는 그의 첫 번째 크나큰 실수였다.

그는 이때 또 다른 교훈을 얻었다. 감정적으로 내린 결정이 얼마나 위험한지를 깨닫게 된 것이다. 버핏은 그가 경영진과의 감정싸움에 휘말리지 않았다면, 훨씬 더 좋은 선택을 할 수 있었을 거라는 후회를 뼈저리게 느꼈다. 이 실패에서 한 가지 더 중요한 사실을 깨달았다. 그저 '회사가 잘 되고 있으니 투자해야 한다'는 식의 피상적인 접근이 아니라, 기업의 본질적인 가치를 평가해야 한다는 것을 배운 것이다.

▶ 실패에서 나온 새로운 시작

버핏은 실패했다고 거기서 물러서지 않았다. 그는 오히려 실패를 기회로 바꿨다. 버크셔 해서웨이가 섬유 회사로서의 가치는 거의 없다는 사실을 깨달은 후, 버핏은 새로운 방향을 모색하기 시작했다. 그리고 회사를 투자 지주회사로 전환하기로 결심한다. 당시 많은 사람이 이 결정을 두고 비웃었다.

"망해 가는 섬유 공장을 인수한 것도 모자라, 그 회사를 지주회사로 만든다니!"

그러나 섬유 회사에서 멈추지 않고 금융, 보험, 에너지 등 다양한 산업에 걸쳐 투자할 수 있는 회사를 만들기 시작했다.

버크셔 해서웨이는 점점 더 다양한 기업을 인수하고 투자하면서 세계적인 투자 지주회사로 변모해 갔다. 버핏은 자신이 저지른 초기의 실수를 교훈 삼아, 더욱 철저한 투자 분석과 기업의 내재 가치에 집중하게 된다. 그는 버크셔 해서웨이를 통해 기업을 '재건축'하는 법을 배웠고, 그 과정에서 자신만의 투자 철학을 세우게 되었다.

이 사건 이후, 버핏은 주식시장의 단기적인 변동에 휘둘리지 않고, 기업의 내재 가치에 집중하는 장기적인 투자 전략을 개발하게 된다. 그는 투자할 때마다 회사가 얼마나 오랫동안 안정적으로 수익을 낼 수 있을지를 고민하고, 단기적인 이익보다 장기적인 성장 가능성을 더 중요하게 평가하게 되었다.

▶ 첫 실패가 남긴 교훈

버핏의 첫 투자 실패는 단순한 실패가 아니었다. 그것은 훗날 세계적인 투자자가 될 수 있게 만들어 준 경험이었다고 해도 과언이 아니다. 그는 이 실패를 통해 투자란 단순한 주식 거래가 아니라, 기업의 본질을 이해하고 그 가치를 평가하는 것이라는 교훈을 얻었다. 또한, 감정적으로 행동하는 것이 얼마나 위험한지 깨닫게 되었고, 그 후로는 항상 이성적이고 분석적인 결정을 내리려고 노력했다.

버크셔 해서웨이는 실패한 섬유 회사에서 세계적인 투자 지주회사로 변신했고, 워런 버핏은 이 회사를 통해 엄청난 부를 축적하게 되었다. 첫 실패에서 배운 교훈 덕분에, 그는 이후에도 수많은 투자 결정을 현명하게 내릴 수 있었다.

이 이야기는 우리가 실패를 두려워하지 말아야 하는 이유를 명확하게 보여 준다. 버핏도 실패했다. 하지만 그는 그 실패를 통해 자신의 투자 철학을 완성했고, 그 철학을 바탕으로 세계적인 성공을 거두었다. 실패는 끝이 아니다. 그것은 오히려 새로운 시작을 위한 기회일 뿐이다.

끝없는 도전과
일론 머스크의 재도약

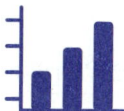

일론 머스크[4]는 오늘날 세계에서 가장 혁신적인 기업가로 알려져 있다. 테슬라, 스페이스X, 솔라시티, 하이퍼루프, 뉴럴링크 등 미래를 바꿀 혁신적인 기업을 창업하고 이끌어 온 그는 그야말로 도전의 아이콘이다. 하지만 머스크의 성공 스토리도 처음부터 순탄했던 건 아니었다. 오히려 끝없는 실패와 도전의 연속이었다. 그가 포기하지 않고 끊임없이 도전하며 다시 일어설 수 있었던 비결은 바로 실패를 기회로 바꾸는 능력에 있었다.

---

4 일론 리브 머스크(1971년 6월 28일~)는 남아프리카 공화국 출신의 미국 기업인이다. 페이팔의 전신이 된 온라인 결제 서비스 회사 X.com, 민간 우주 기업 스페이스X를 창립했고, 전기자동차 기업 테슬라의 회장이기도 하다.

▶ 페이팔에서의 첫 번째 도전과 실패

머스크의 첫 번째 큰 성공은 많은 이들이 기억하는 페이팔이다. 1999년 온라인 결제 시스템 X.com을 창립했고, 이 회사는 나중에 페이팔로 성장하여 글로벌 결제 혁신을 일으켰다. 그러나 여기서도 순탄하지만은 않았다. 머스크는 이사회와의 갈등으로 인해 결국 자신이 창립한 회사에서 밀려났다. 페이팔은 머스크가 만든 회사였지만, 정작 본인이 경영권을 잃고 쫓겨난 것이다.

머스크에게 이 순간은 큰 충격이었다. 자기가 만든 회사에서 쫓겨난다는 것은 그야말로 엄청난 실패였다. 하지만 그는 이 실패를 새로운 기회로 받아들였다. 자신이 더 큰 꿈을 꾸고 있다는 사실을 깨달았고, 페이팔 매각을 통해 얻은 1억 8천만 달러의 자금을 발판으로 더 큰 도전에 나서기로 결심했다.

▶ 스페이스X: 실패의 연속

머스크의 다음 도전은 바로 우주 탐사였다. 머스크가 민간 우주 탐사를 시도한다고 했을 때 주위에 있던 많은 이들이 비웃었다. 우주는 수십 년 동안 정부 기관만이 다루어 오던 영역이었다. 그런데도 머스크는 스페이스X를 설립하고, 인류를 화성으로 보내겠다는 비전을 세웠다. 이 도전은 시작부터 험난했다.

첫 번째 로켓 발사는 실패로 끝났다. 로켓이 발사된 후 얼마 지나지 않아 폭발했고, 머스크와 그의 팀은 막대한 손실을 보았다. 그러나 포기하지 않았다. 그는 오히려 실패에서 배운 점을 토대로 문제를 분석하고, 두 번째 로켓 발사에 나섰다. 하지만 두 번째 발사도 실패했다. 이때부터 사람들은 머스크의 도전을 불가능한 꿈이라며 조롱하기 시작했다.

세 번째 발사 때도 상황은 크게 달라지지 않았다. 세 번째 로켓마저 하늘에서 불타 버린 것이다. 이제 모든 것이 끝난 것처럼 보였다. 머스크는 세 번의 실패로 인해 가지고 있던 거의 모든 자금을 소진했고, 스페이스X는 문을 닫을 위기에 처했다. 그의 모든 자산이 거의 바닥을 쳤다. 이때 선택의 기로에 서게 된다.

'이쯤에서 포기할 것인가, 아니면 마지막 한 번의 기회를 더 잡을 것인가?'

▶ 스페이스X: 재도약의 순간

머스크는 포기하지 않았다. 자신에게 남아 있던 자금을 모두 끌어모아 네 번째 로켓 발사를 시도했다. 이 마지막 발사가 실패한다면, 스페이스X는 끝나는 것이나 다름없었다. 하지만 이번에는 달랐다. 네 번째 로켓은 성공적으로 궤도에 진입했다. 이 성공은 스페이스X에게 있어서 단순한 로켓 발사 이상의 의미를 가졌다. 그 순간, 스페이스X는 살아남았을 뿐만 아니라, 민간 우주 탐사의 가능성을 전 세계에 증명해 보였다.

이 성공으로 스페이스X는 나사(NASA)와 계약을 맺었고, 우주 탐사 분야에서 민간 기업의 새 역사를 쓰게 되었다. 머스크의 끝없는 도전과 재도약은 결국 그를 우주 탐사 분야의 선두 주자로 만들었다. 실패가 그를 멈추게 할 수 없었다. 오히려 실패는 그에게 더 강력한 추진력을 주었다.

▶ 테슬라: 전기차의 혁명과 고난의 길

스페이스X에서의 도전만으로도 충분히 혁신적이었지만, 머스크는 여기서 멈추지 않았다. 이제는 자동차 산업에 뛰어들며 테슬라[5]를 창립했다. 그의 목표는 전기차를 대중화하는 것이었다. 테슬라는 환경 보호와 지속 가능한 에너지에 대한 머스크의 비전이 담긴 혁신적인 프로젝트였다. 하지만 이 역시 순탄치 않았다.

테슬라 초기에는 자금난이 극심했다. 자동차 한 대를 만드는 데드는 비용이 너무 많이 들었고, 초기 모델들의 문제로 인해 차량 판매는 저조했다. 전통적인 자동차 제조업체들은 테슬라를 웃음거리

---

5 회사명은 전기공학자이자 물리학자인 니콜라 테슬라(Nikola Tesla)의 이름에서 유래했다. 교류(AC) 전기 및 전기 모터 기술의 발전에 크게 기여한 인물로, 창립자들은 그의 혁신적인 전기 기술을 계승한다는 의미에서 회사명을 'Tesla'로 정했다.

로 삼았다. 그들은 전기차가 대중화될 수 없다고 주장했고, 테슬라는 거의 파산 직전까지 몰렸다. 머스크는 개인 재산까지 모두 투자하며 테슬라를 살리려 했지만, 매 순간이 위기의 연속이었다.

게다가 초기 모델인 로드스터와 모델 S는 품질 문제로 인해 고객들의 불만을 샀고, 테슬라의 주가는 급락했다. 머스크는 자금을 확보하기 위해 투자자들을 설득해야 했고, 그 과정에서 극심한 스트레스를 받았다. 심지어 그는 이 시기 정신적, 육체적 고통까지 겪었다고 고백한 바 있다.

그러나 머스크는 여기서도 포기하지 않았다. 테슬라의 생산 시스템을 개선하고, 모델 S의 품질을 높이기 위해 팀원들과 함께 밤낮으로 일했다. 결과적으로 모델 S는 전기차 시장에서 성공을 거두었고, 테슬라는 서서히 회생하기 시작했다. 이후 출시된 모델 3은 전 세계에서 엄청난 인기를 끌었고, 테슬라는 전기차 산업의 혁명적인 선두 주자로 자리 잡게 되었다.

▶ 끝없는 도전: 머스크가 주는 교훈

일론 머스크의 인생은 현재 진행형이지만 그야말로 실패와 도전, 재도약의 연속이었다. 수없이 좌절했지만, 그때마다 다시 일어섰다. 실패를 두려워하지 않았고, 그 속에서 배운 점을 토대로 더 나은 결정을 내렸다. 실패는 그를 무너뜨리지 않았고, 오히려 더 강하게 만들었다.

머스크는 성공 그 자체로서의 의미보다 끊임없이 도전하는 정신을 보여 주었다. 그는 여전히 테슬라와 스페이스X 외에도 여러 혁신적인 프로젝트를 진행하고 있다. 화성 이주를 꿈꾸며, 인류를 다른 행성으로 이동시키는 계획을 세웠고, 인공지능(AI), 뇌-컴퓨터 인터페이스 같은 미래 기술에 대한 연구를 끊임없이 진행하고 있다.

머스크의 이야기는 흔한 성공 스토리가 아니다. 끝없는 도전과 실패에도 불구하고 포기하지 않는 정신, 그 실패 속에서 더 나은 기회를 찾아내고 도전하는 태도가 그를 오늘날의 자리로 이끌었다. 인간이기 때문에 실패는 피할 수 없는 숙명과도 같다. 하지만 그 실패를 어떻게 대처하고, 그로부터 무엇을 배울 수 있느냐에 따라 우리의 미래는 달라진다. 일론 머스크는 그 누구보다 이 사실을 잘 알고 있다. 그리고 그가 남긴 발자취는 실패를 두려워하지 않는 모든 이들에게 끝없는 도전의 힘을 보여 준다.

실패에서 성공으로 나아가는 당신의 길

많은 사람이 실패를 두려워한다. 실패한 자신을 바라보는 가족의 눈빛, 또래의 성공 소식, 마음속 깊은 좌절감. 이런 것들이 얽히며 사람들은 무의식적으로 실패를 피하려 한다. 하지만 실패는 인생에서 가장 정직한 선생이다. 문제는 그것을 겪어 보지 않으면 절대 배울 수 없다는 점이다.

앞에서 살펴본 워런 버핏과 일론 머스크의 도전과 응전의 고생도 결국 더 높은 도전을 위한 자양분이 되었던 것이다. 즉, 실패라는 벽에 부딪힐 때마다, 그들은 더 높은 도전으로 뛰어올랐다.

그리고 다시 우리 이야기로 돌아와 보자. 성공한 사람들의 이야기를 들으며 '저건 특별한 사람들의 이야기'라고 생각하는 이들이 있다. 그러나 내가 말하고 싶은 건 다르다. 성공은 단 한 번의 대박이 아닌, 수많은 실패 위에 세워진 반복된 작은 결정의 총합이다.

지금, 완벽하지 않아도 괜찮다. 우리는 '완벽한 시작'을 원한다. 여유가 생기면 시작하겠다는 사람, 공부 좀 더 하고 투자하겠다는 사람, 모든 조건이 맞춰지면 움직이겠다는 사람. 하지만 인생에 그런 '완벽한 시점'은 거의 오지 않는다.

나 역시 그랬다.
경희궁자이를 매수하기 전, 불안했다.

5억 원이라는 거금,
조합원 분양이라는 낯선 구조,
주변의 만류.

하지만 내가 결정을 내릴 수 있었던 건 이전의 크고 작은 실패 덕분이었다. 사소한 실수와 아픈 경험을 반복하며 얻은 기준이 내 투자 철학을 만들었다.

그래서 말하고 싶다. 실패를 줄이려면 행동을 미뤄서는 안 된다. '시작하지 않으면' 실패도 없지만, 그만큼 성장도 없다. 어설퍼도 괜찮다. 지금 할 수 있는 것을 시작하라. 커피값 줄이기, 신용카드 대신 체크카드 사용하기, 1일 1지출 기록하기. 이런 사소한 실천들이 모여 인생을 바꾼다.

당신은 실패할 수 있다. 그래서 성장할 수 있다.

마지막으로 묻고 싶다. 당신은 실패를 두려워하는가, 아니면 그 실패를 배움의 발판으로 삼을 준비가 되어 있는가? 실패는 고통스럽지만, 그 고통이 없다면 우리는 변화하지 않는다. 실패는 '나'를 불편하게 만들지만, 그 불편함이 없다면 '나'는 지금 이 자리에 머무를 것이다.

내가 과거의 실패를 감추지 않고 꺼내는 이유는 하나다. 지금의 내 모습이, 그 실패들 없이는 절대 존재할 수 없었기 때문이다.

그리고 당신도 마찬가지다. 당신이 겪는 실패는, 누군가의 성공 스토리보다 더 진짜이다. 실패를 인정하고 기록하고 되새기며 반복하지 않는다면, 그것은 당신만의 가장 값진 자산이 될 것이다.

성공은 실패의 잔해 위에 쌓인 것이다. 진짜 성공은 실패를 배웠을 때, 그 실패를 잊지 않고 새로운 행동을 했을 때 시작된다.

성공한 부자들의 이야기: 그들만의 리그가 만든 법칙

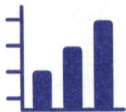

'성공한 사람들은 무엇이 다를까?'

이 질문은 우리가 경제적 자유를 꿈꾸며 책을 펼칠 때 가장 먼저 떠올리는 의문일지도 모른다. 특히 언론이나 다큐멘터리에서 자주 등장하는 유명한 부자들의 이야기를 접하다 보면, 그들의 세계는 마치 '그들만의 리그'처럼 멀게만 느껴진다. 하지만 그들을 잘 들여다보면, 공통된 핵심 가치들이 눈에 띈다. 그것은 바로 남다른 사고 방식과 변화를 두려워하지 않는 실행력, 그리고 지속 가능한 비전이다.

▶ 제프 베이조스: 고객 중심의 혁신 철학

아마존의 창업자 제프 베이조스는 한때 작고 허름한 차고에서 온라인 서점을 운영하던 사람에 불과했다. 하지만 그는 '고객 중심'이라는 철학 하나로 세계 최대의 이커머스 기업을 일궈 냈다. 그의 철학은 단순하다.

"고객이 가장 중요하다. 그 외의 모든 것은 고객 만족을 위한 도구일 뿐이다."

그는 고객의 불편함을 누구보다 먼저 발견하고 해결책을 제시했다. 대표적인 사례가 바로 '아마존 프라임'이다. 단순히 배송 시간을 단축한 것이 아니라, 고객의 '기다림'이라는 감정을 해소해 준 것이다. 베이조스는 수익보다 신뢰를 우선했고, 신뢰는 곧 장기적 성과로 돌아왔다.

이 철학은 우리 개인 투자자에게도 유효하다. 단기적 수익에 연연하기보다, 우리가 궁극적으로 원하는 '삶의 방향'에 맞는 투자를 해야 한다는 것이다.

▶ 사티아 나델라: 변화의 한복판에서 중심을 지키다

사티아 나델라는 마이크로소프트의 3번째 CEO로 취임한 후, 침체되어 있던 기업을 클라우드 중심의 미래형 기업으로 재탄생시켰다. 기존의 윈도우 중심 사업을 과감히 내려놓고, 애저(Azure)와 오피스365라는 새로운 비즈니스 모델을 정착시킨 것이다. 그의 리더십은 단순히 기술 혁신에 그치지 않는다.

"나는 권한을 위임하고, 신뢰하고, 함께 성장하는 리더가 되겠다."

나델라는 직원들과의 소통을 최우선 가치로 삼았고, 리더가 아니라 코치가 되어 조직을 이끌었다. 그 결과, 마이크로소프트는 다시 글로벌 기업으로 자리매김하며 주가와 기업가치 모두 수직 상승했다.

그의 사례는 우리에게 이렇게 말한다.

"내가 가진 자산이나 투자 방식이 낡았다면, 변화는 필수다. 변화를 두려워하지 말고 주도하라."

▶ 하워드 슐츠: 경험에서 태어난 '감성 자본주의'

스타벅스 CEO였던 하워드 슐츠의 이야기도 빼놓을 수 없다. 그는 가난한 청년 시절, 한 이탈리아 카페에서 경험한 따뜻한 커뮤니티와 서비스에 깊은 감명을 받았다. 그 경험은 이후 스타벅스 매장에 고스란히 녹아들었고, 커피 그 이상의 가치를 제공하는 브랜드로 성장했다.

그는 말한다.

"우리는 커피를 파는 것이 아니라, 경험을 판다."

하워드 슐츠는 '사람 중심 경영'과 '지속 가능한 브랜드 가치'라는 감성 자본주의를 실현했다. 그가 매장 직원(파트너)들에게 건강보험을 제공하고, 직원 만족을 매출보다 중요시한 것도 이런 철학에서 비롯됐다.

개인 투자자에게도 이 메시지는 크다. 단순한 숫자 놀음이 아니라, 사람과의 관계, 감정까지 고려한 투자가 장기적으로 더 건강한 수익을 낸다는 것을 말이다.

▶ 오프라 윈프리: 자존감에서 시작된 경제적 독립

어릴 적 가난과 학대를 겪었던 오프라 윈프리는 방송인, 사업가, 작가로서 모든 분야에서 성공을 거둔 인물이다. 그녀는 "내가 누구인지를 잊지 않고, 나 다운 삶을 지키기 위한 경제력"을 목표로 삼았다.

그녀는 감정을 파는 법을 알았고, 타인의 이야기를 듣는 방식으로 자신의 콘텐츠를 완성했다. 이를 통해 감성적 공감과 진정성을 기반으로 한 브랜드를 만들어 냈다.

우리의 투자도 마찬가지다. 내가 누구인지 모르고, 남들이 좋다 하는 종목만 따라간다면 결국 흔들리게 되어 있다. 오프라의 방식은 이렇게 말한다.

"당신의 재정적 자유는 당신의 정체성에서부터 시작된다."

▶ '그들만의 리그'는 생각보다 가깝다

부자의 성공 공식은 어쩌면 이미 우리 곁에 있다. 단지 실행이라는 문턱 앞에서 주저하는 이들이 많을 뿐이다. 필자는 부동산 경매, 대부업 투자, 그리고 자산 리모델링을 통해 나만의 성공 전략을 만들었다. 그 과정에서 느낀 건 정보보다 더 중요한 것이 태도라는 사실이다.

워런 버핏도 말한다.

"성공한 투자란, 당신의 기질이 가장 큰 영향을 미친다."

지금 여러분에게 필요한 건 복잡한 기술이나 정보가 아닐 수 있다. 오히려 '한 가지 철학'을 꾸준히 실천하는 단순함이 더 중요하다. 결국 큰 성공은 화려한 전략보다, 단단한 원칙에서 나온다.

보기 좋은 목표가 아닌, 할 수 있는 목표로

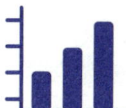

"워런 버핏의 투자 전략을 배워 보자."

"일론 머스크처럼 생각의 틀을 깨자."

이런 말들은 누구나 한 번쯤은 들어봤을 것이다. 심지어 부자들의 습관, 루틴, 독서 목록까지 알려 주는 책들이 넘쳐난다. 하지만 정작 그 내용을 읽으며 드는 생각은 무엇인가?

'결국 그들만의 리그지.'

솔직히 말하면 필자도 그랬다. 삼성에 다니던 시절, 그렇게 수많은 재테크 책을 읽으며 마음을 다잡곤 했지만, 늘 '이건 나와는 다른 차원의 얘기야.'라는 마음이 따라붙었다. 그럴 수밖에 없었다. 나는 평범한 직장인이었고, 겉보기엔 안정적인 월급과 삶을 누리고 있었지만, 그 안에서 느끼는 불안은 언제나 존재했다.

▶ 20년간의 직장 생활, 그리고 변하지 않는 한 가지

나는 삼성에서 20년을 근무했고 아내는 외국계 보험회사에서 25년째 근무 중이다. 우리는 전형적인 맞벌이 가정이었다. 매월 꼬박꼬박 들어오는 월급이 있었고, 학자금, 주택 대출, 아이들의 교육비까지 차곡차곡 계획을 세워 살았다. 누구보다 성실하게 살아왔다고 자부한다. 하지만 어느 날 문득 이런 생각이 들었다.

'지금 이 돈으로 평생을 살아 낼 수 있을까?'

그 질문은 단순한 숫자의 계산에서 온 것이 아니었다. 오히려 감정적인 불안감이었다. 열심히 일하고, 퇴근 후엔 집안일과 육아로 또 하루를 보내는데, 계좌에는 늘 비슷한 숫자가 찍혀 있었다. 아무리 성실하게 살아도, 돈이 스스로 일하지 않으면 내 삶도 제자리걸음일 수밖에 없었다.

그래서 시작했다. 아주 작게.

부동산 책을 읽고, 세미나를 찾아다니고, 부동산 카페의 게시물들을 눈 빠지게 읽었다. 물론 처음부터 거창한 계획이 있었던 건 아니다. 필자가 세운 목표는 단순했다.

'우리 가족이 한 달에 100만 원만 더 벌 수 있다면 얼마나 숨통이 트일까?'

이 목표는 '보기 좋은 목표'가 아니라, 내가 진짜 할 수 있는 '현실적인 목표'였다. 그래서 더욱 절실했고, 실행으로 이어질 수 있었다.

그렇게 시작한 작은 투자들은 결국 내 삶의 흐름을 바꾸어 놓았다. 수원 오피스텔, 잠실 빌라, 그리고 이후에 경희궁자이 아파트 재개발 투자…. 물론 그 과정엔 실패도 있었고, 수익이 거의 나지 않았던 투자도 있었다. 하지만 중요한 건 꾸준함이었다. 한 번의 대박이 아니라, 반복해서 배우고, 분석하고, 실행했던 경험이 지금의 나를 만들었다.

▶ 그들만의 리그가 아니라, '해 본 자의 세계'

지금 돌이켜 보면 재테크는 부자들만의 전유물이 아니다. 오히려 한 발 내디뎌 본 사람만이 볼 수 있는 세계다. 마치 헬스장 문 앞에서만 고민하는 사람과, 일단 안에 들어가서 땀을 흘리는 사람의 차이랄까.

내게도 여유로운 시간이 있었다면 아마 이 길을 늦게 시작했을지도 모른다. 하지만 월급만으로는 아이들의 미래를 담보하기에 부족했고, 그래서 행동할 수밖에 없었다. 이 책을 쓰는 지금도 여전히 새로운 투자 기회를 탐색하고, 그 안에서 나만의 판단 기준을 세워 가고 있다.

누군가는 나에게 말한다.

"당신이니까 할 수 있었던 거죠."

하지만 나는 말하고 싶다.

"나도 당신과 똑같은, 회사를 다니며 아이를 키우고, 월세를 걱정했던 평범한 사람이었습니다."

그저 가족을 위해 조금 더 현실적인 목표를 세웠고, 그것을 꾸준히 실천했을 뿐이다. 그렇게 조금씩 바뀌는 삶, 그게 내가 믿는 진짜 재테크의 힘이다.

☞ 실행 1. 저축을 통한 시드머니 확보

재테크의 첫걸음은 언제나 '시드머니'[6]다. 주식, 부동산, 가상 자산 등 무엇을 하든 그 출발선에 서기 위해서는 기본적인 종잣돈이 필요하다. 많은 이들이 "돈이 없어서 투자를 못 해요."라고 말하지만, 사실 그것은 "돈을 모아 본 적이 없다"는 말과 같은 맥락이다.

필자 역시 처음부터 큰돈이 있었던 것은 아니다. 20년간 삼성에서 근무하면서, 그리고 아내가 25년 넘게 외국계 보험회사에 다니면서 꾸준히 월급을 받았다. 안정적인 수입이 있었지만, 그 수입을 단순히 '지출'하는 것이 아니라 어떻게 잘 '모으고 남길 것인가'에 집중했다. 처음 결혼하고 맞벌이를 시작했을 때, 우리는 월급의 60%를 비상금, 적금, 예금, 펀드, 대출 이자 상환 등으로 계획적으로 분배했

---

6 농업에서 유래한 용어로, 씨앗처럼 초기 자본이 자산 성장의 출발점이 된다는 의미다. 스타트업 투자뿐만 아니라 개인 재테크에서도 사용되며, 종잣돈을 잘 운용하면 큰 자산으로 키울 수 있다.

다. 즉, **'월급=씨앗'이라는 마인드가 필요하다.**

여기서 중요한 건 금액이 아니라 습관의 형성이었다. 주변에서는 "삼성 다니는데도 아직도 전세 살아?"라는 말도 들었다. 하지만 우리는 자가보다는 반전세, 차보다는 대중교통, 브랜드보다는 실속을 택했다.

왜냐고? 아직 자산이 충분하지 않았기 때문이다. 시드머니가 모이지 않았는데 외형을 먼저 갖추는 건, 배고픈 사람이 광고를 먼저 찍는 것과 같다고 생각했다. **소비 줄이기는 분명 쉽지 않지만, 재밌게도 가능하다.** 지출을 줄이는 건 단순히 절약만을 의미하지 않는다. 오히려 습관을 점검하고, 우선순위를 재정의하는 과정이다.

예를 들자면, 한창 외식에 빠졌던 시절이 있었다. 매일같이 퇴근길에 "오늘은 고기 먹자." 하며 외식 비용이 쌓이던 시절, 어느 날 와이프가 말했다.

"우리 고기 먹으러 나가는 돈이 한 달이면 거의 통신비랑 맞먹는 거 알아?"

그 말을 듣고 통장 이체 내역을 들여다봤더니 정말이었다. '와, 이건 진짜 식도락이 아니라 지갑 학살이네.' 싶었다. 그날부터는 '월 2회 외식 룰'을 정해 놨다. 대신 고기는 코스트코에서 싸게 사서 집에서 굽기로 결정했다. 결과적으로 외식비는 반으로 줄고, 대화는 두 배로 늘었다. **지출 줄이기에서 시드머니 확보까지 달성하는 건 이러한 사소한 습관에서 출발했다.**

이렇게 아낀 돈을 적금, 예금, 펀드, 대출 상환, 특수 경매 참여 등

【 돈의 흐름, 삶의 기록: 필자의 20년 가계부 일부 】

재 무 현 황 표

1. 丑瞳의 자산 및 부채 내역

자산 내역				부채 내역			
분류		2025년 10월	구성비	분류		2025년 10월	구성비
부동산	김포땅_후평리	291,867,580	54%	은행계 대출	우리대출(준하우스)	114,900,000	88%
	평택 스카이빌	1,200,000,000					
	평택 준하우스(1/2)	1,300,000,000					
	(채권)양현진	40,000,000					
전세보증금	전세보증금	400,000,000	8%				
성장성 상품	직/간접 주식 평가	60,000,000	14%				
	선우 주식	33,000,000		비은행계 대출			12%
	법인 가수금	630,000,000			스카이빌 보증금	15,000,000	
유동성 상품	여유현금(예금/적금/대부)	1,022,690,680	21%				
	청약(연선우,국민/승근.기업)	8,000,000					
	금전대차(재범,화엽)	35,000,000					
	개인금고(골드바)	30,000,000					
보장성 상품	예상퇴직금(라이나, 규선)	55,000,000	3%				
	연금저축(미래에셋, 승근)	70,248,020					
	종신보험(한화생명, 승근)	35,000,000					
자산 총계		5,210,806,280	100%	부채 총계		129,900,000	100%

2. 丑瞳의 월평균 수입 및 지출 내역

수입 내역				지출 내역			
분류		2025년 10월	구성비	분류		2025년 10월	구성비
근로소득	급여및상여금(우리, 승근)	1,803,450	43%	식비	주식비	5,800	4%
	급여및상여금(국민, 규선)	6,252,211			부식비	428,545	
자산소득	임대소득	7,920,000	42%		외식비		
금융소득	이자소득	1,550,000	8%	종교헌금.기부	종교헌금.기부	172,000	1%
	배당금/환급금/미수금		6%	내구소비재	의류및잡화	161,800	1%
기타	용돈				비품 및 소모품	504,729	
	기타소득	1,150,000		교육비	교육비	3,315,800	27%
				부동산.금융비	제비용	1,927,976	34%
					대출원금&이자	1,250,000	
					세금		
					월세	950,000	
				자가용 관련	유류, 주차 및 toll fee		1%
					수리점검 및 세금/과태료	110,000	
				경조사비	가족 용돈	850,000	7%
					결혼,돌,喪 및 각종 기념	32,999	
				교통비	택시 열차 및 기타		
				통신비	휴대폰요금 (승근,연우,선우)	56,980	1%
					휴대폰요금 (규선)	82,460	
				형제오금액	형제 자매 부모님	370,000	3%
				교양오락비	서적및신문.잡지	12,000	2%
					영화 및 기타 관람료	250,000	
				보험&	보험료	157,908	4%
					청약저축	320,000	
				세금과 공과	가스,전기 및 각종 공과	313,000	3%
				기타	의료및보건위생	671,500	7%
					기타	164,100	
[수입합계]		18,675,661	100%	[지출합계]		12,107,597	96%

3. 丑瞳의 재무 현황 분석

주요 지표	지표 결과	계산공식
순자산액	5,080,906,280	순자산액= 자산-부채
소득 대비 지출 비율	65%	소득대비지출비율=(월평균 지출/월평균 소득)*100%

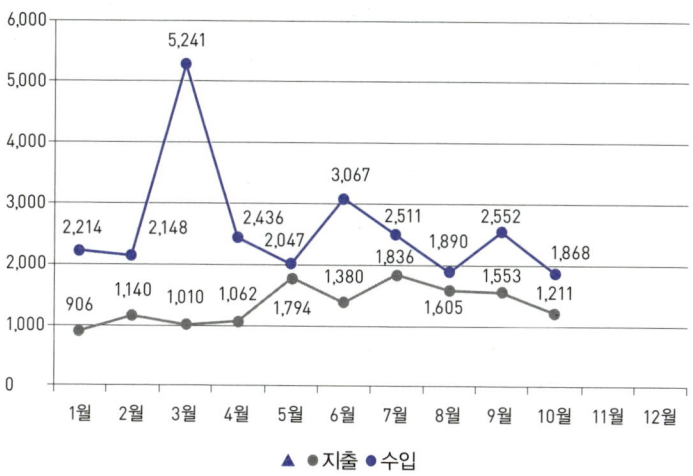

【 수입/지출 Trend 】

으로 쪼개어 배분했다. 여기서도 중요한 건, 이 모든 자금 흐름을 가계부로 관리했다는 점이다. 필자는 엑셀 기반의 개인 재무관리 시트를 직접 만들어 쓰고 있는데, '가계부'보다는 '현금흐름 설계서'라고 부르고 싶을 정도로 꼼꼼하다.

지출의 흐름이 보이니까 다음 달 계획이 세워졌다. 다음 분기의 예산이 짜였다. 결국 그 작은 시드머니가 모여, 수원 오피스텔, 잠실 빌라, 그리고 경희궁자이 투자로 이어졌다. 지금의 자산 포트폴리오의 첫 장은 다름 아닌 저축과 습관에서 시작된 것이다.

☞ 실행 2. 지출 줄이기: 소비의 '정크푸드' 끊기 프로젝트

지출을 줄인다는 건 단순히 돈을 안 쓰는 게 아니다. 내 삶에서 불

필요한 소비 습관이라는 '재정의 체지방'을 덜어 내고, 더 건강한 방향으로 체질을 바꾸는 일이다. 나의 경우도 그랬다. 수입을 늘리기 이전에, 먼저 어디에 얼마나 새고 있는지를 들여다보는 것이 첫 번째였다.

처음 가계부를 작성할 땐, 솔직히 '이게 뭐가 도움이 될까?' 하는 의심도 들었다. 하지만 한 달만 작성해 보니 답이 나왔다. 매일 아침 출근길에 사 마시던 브랜드 커피 4,800원, 퇴근 후 습관처럼 들르던 포장마차에서의 어묵 3,000원, 주말마다 어김없이 들르던 유명 카페 9,000원……. 하루하루는 별것 아닌 것처럼 보였지만, 한 달을 모아 보니 30만 원이 넘었다.

이쯤 되면, 내가 카페를 차릴 수 있었던 게 아닐까 싶은 생각까지 들었다. 이게 다 '사라지는 돈'이었다. 먹고 나면 남는 것도 없고 기분만 잠시 좋아질 뿐, 결국 '소비의 정크푸드'였던 셈이다.

식비 절감을 결심하면서 '외식 금지령'을 스스로에게 내렸다. 처음에는 '그래, 하루만 해 보자'는 마음으로 시작했다. 하루가 이틀이 되고, 어느덧 일주일이 되자 변화가 생겼다. 집밥을 먹으며 건강도 챙기고, 외식 대신 요리 레시피를 찾아보며 새로운 취미도 생겼다.

가끔 유혹은 찾아왔다. 동료들이 회식을 하자고 할 때마다, 마음이 흔들렸던 건 사실이다. 하지만 "오늘 7,000원 벌었어."라는 말을 습관처럼 하다 보니, 그게 재미로 변했다. 나만의 '짠테크 유머'였다.

가벼운 생활 습관의 변화만으로도 변화는 점점 묵직해졌다. 예를 들어, 생활 속에서도 지출을 줄이기 위한 여러 장치를 마련했다. 전기세를 아끼려고 대기 전력을 끄는 멀티탭을 집 안 곳곳에 설치했고, 가스비를 줄이기 위해 샤워 시간을 줄이려 노력했다. 집에서는 겨울에도 플리스와 내복을 입고 지냈다. 내복은 따뜻한 경제 습관이다.

또한, 온라인 쇼핑을 할 때는 반드시 24시간 '유예 시간'을 두었다. 사고 싶다는 생각이 들면 장바구니에 담고, 하루 뒤에도 여전히 그 물건이 간절하면 그때 구매했다. 이 습관 하나로 충동구매를 절반 이상 줄였다. 사실 하루만 지나면 대부분 '이걸 왜 사려고 했지?' 싶은 것들이었다.

지출을 줄인다는 건 꼭 고통스러운 일이 아니었다. 오히려 소비를 줄이면서, 스스로 진짜 좋아하는 것이 무엇인지, 어떤 것에 가치를 느끼는지를 더 선명하게 알 수 있었다.

과거에는 '벌어야 산다'는 생각에만 집중했지만, 지금은 '덜 써야 오래간다'는 감각이 생겼다. 그리고 이는 단순히 돈을 아끼는 것이 아니라, 삶을 더 가볍고 깊게 살아가는 방식이라는 걸 깨닫게 되었다.

이렇게 '지출 줄이기'는 단기적 절약 전략이 아니라, 장기적인 재정 체질 개선을 위한 행동이었다. 한두 번의 계획이 아니라 습관이 되도록 반복했고, 그 습관이 결국 시드머니의 기반이 되었다.

☞ 실행 3. 투자로 자산을 불리기: 시드머니를 일하게 만드는 기술

저축을 통해 시드머니를 마련했다면, 이제 그 돈을 일하게 만들어야 한다. 자산이 자산을 낳는 구조를 만들지 않으면, 아무리 저축을 열심히 해도 어느 순간 '수입 한계'라는 벽에 부딪히게 된다. 이쯤에

서 많은 사람이 '투자'라는 단어에 주목한다.

나 역시 마찬가지였다. 월급만으로는 한계가 있었다. 부부가 함께 일하며 자녀 교육비와 생활비를 꾸려 나가는 데도 빠듯했고, 은퇴 이후를 생각하면 더 이상 기다릴 수 없는 시점이 찾아왔다. 그래서 우리는 결단을 내렸다. '돈이 일하게 만들자'고.

그렇게 해서 부동산 투자를 시작하게 되었다. 필자의 첫 부동산 투자는 '특수 경매' 물건이었다. 정식 매물로 나오지 않고, 권리관계가 복잡한 대신 가격은 저렴한 케이스였다. 누군가는 위험하다고 했지만, 당시 시간을 들여 공부하고 법무사에게 자문을 받아 가며 스스로 권리 분석을 익혔다.

그렇게 낙찰받은 곳이 수원의 한 오피스텔이었다. 시세보다 훨씬 낮은 가격에 매입했고, 이후 안정적인 월세 수입으로 연결되었다. 물론 그때는 월세 40만 원이 전부였다. 그러나 그 경험은 자산을 '현금흐름'으로 이해하게 된 전환점이었다.

이후에는 '경희궁자이' 재개발 투자로 이어졌다. 2014년, 서울 종로에 위치한 재개발 조합원 지분을 5억 원에 매입했는데, 이 역시 주변 사람들 중엔 반대하는 이도 많았다. 하지만 입지와 개발 계획, 학군, 행정타운 확장 등을 철저히 분석했고, 결과는 기대 이상이었다. 2024년 11월, 매도가는 16억 5천만 원. 세금과 비용을 제하고도 10억 원의 순이익을 거두게 된 것이다.

이런 성공의 핵심은 단 하나였다. '사전 준비'와 '장기 시야'. 단기 차익을 노린 투자는 단기 스트레스를 부른다. 언제나 '내가 이해한 것만 투자하고, 장기 흐름 속에서 현금흐름을 창출하자'는 원칙을 지켜 왔다.

물론, 대표적인 투자 분야인 주식투자에도 관심을 보였다. 다만, 필자는 주식에 대해 처음부터 큰 신뢰를 갖고 있던 사람은 아니었다. IMF 외환위기 시절, 주변에서 주식으로 전 재산을 날린 이야기를 자주 들었기에 경계심이 컸다. 하지만 2008년 금융위기를 지나며 생각이 조금씩 바뀌기 시작했다. '공포 속에 기회가 있다'는 말처럼, 시장이 출렁일수록 우량주가 저평가되기 때문이다.

그 무렵, 엔씨소프트[7]라는 게임 회사의 잠재력에 주목하게 되었다. 단기적 악재로 인해 주가가 6만 원대까지 하락했지만, 모바일 게임과 해외 진출 가능성을 감안하면 과도한 저평가라고 판단했다. 그래서 매달 50만, 100만 원씩 '적립식'으로 주식을 사들였다. 그렇게 1년 반 정도 투자했고, 매도 시점은 주가가 13만 원대에 도달했을 때였다. 순수익은 약 5천만 원. 그 돈은 이후 본격적인 부동산 투자에 뛰어들 수 있는 씨앗이 되어 주었다.

지금이나 그때나 변함없이 **중요한 건 타이밍보다 '지속성'이었다.** 한 번의 '대박'보다는, 수십 번의 '소소한 성공'이 자산의 흐름을 만들기 때문이다.

---

7 회사명에서 'NC'는 창립자 대표가 운영했던 온라인 커뮤니티 'Next Communication(차세대 커뮤니케이션)'에서 따온 것이다. 1997년 설립된 대한민국 1세대 게임 개발 회사로 '리니지' 게임 시리즈로 유명하다.

많은 이들이 "언제 들어가야 하나요?", "지금 사도 되나요?" 같은 질문을 한다. 그 질문 자체가 본질을 벗어나 있다고 생각한다. 중요한 건 '당신은 이 자산을 얼마나 이해하고 있는가?', '이 자산이 수익을 낼 만한 구조인가?'라는 질문이다.

나만의 투자 원칙 세 가지로 요약하자면, 다음과 같다.

● **내가 이해할 수 있는 것만 투자한다.**

아무리 수익률이 높아도 내가 잘 모르는 영역이라면 투자하지 않는다. '묻지마 투자'만큼 위험한 건 없다.

● **현금흐름 중심의 자산에 우선순위를 둔다.**

【 [2009년] 63,200원 → [2010년] 133,000원 → [2021년] 936,000원 】

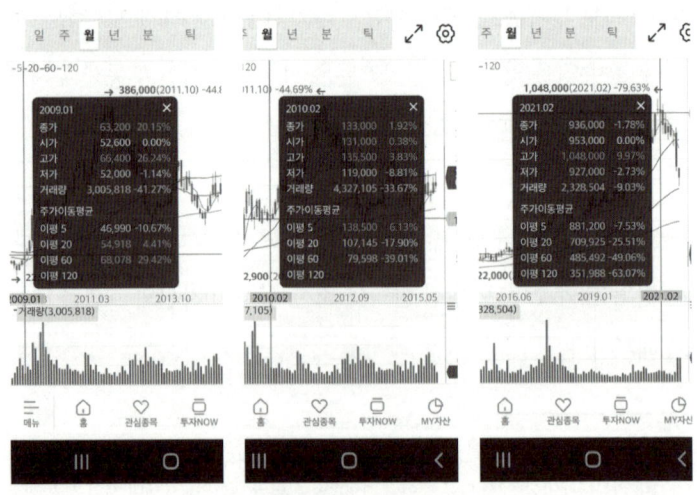

▲ 출처: 미래에셋증권 어플 'M Stock'

특히 은퇴 이후를 생각하면, 자산의 '증식'보다 '지속적인 유입'이 훨씬 더 중요해진다. 월세, 배당, 이자 수익이 있는 자산에 집중한다.

● **실패를 두려워하지 않는다. 하지만 반복하지 않는다.**

몇 번의 작은 실패는 학습 비용이다. 하지만 같은 실수를 반복하지 않기 위해 반드시 복기하고 기록한다.

지금도 필자의 투자 여정은 진행 중이다. 대출을 활용한 다가구주택 매입, GPL 투자, 법인을 통한 부동산 운영 등 조금씩 확장해 나가고 있다. 하지만 변하지 않는 것은 있다. '내가 이해한 구조 속에서만 투자하자', '성급하지 말고 꾸준히'라는 원칙이다.

부자가 되는 길은 단순하지만, 그 단순한 길을 실천하는 사람은 많지 않다. 꾸준한 저축, 지출 통제, 그리고 적절한 투자의 3박자를 유지해 나간다면 누구나 시드머니를 자산 증식으로 연결할 수 있을 것이다.

부는 완벽이 아니라
실행에서 시작된다

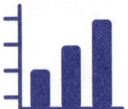

2016년 어느 초봄, 사내에서 자발적으로 만든 부동산 스터디 모임에 참여하고 있었다. 이 모임은 같은 회사 직원들끼리 자산 관리에 대한 경험을 나누고 공부하는 자리였다. 그 모임에서 처음 만난 사람이 있었는데, 바로 타 부서의 B 과장이었다. 그는 당시 30대 중반의 열정적인 직장인이었고, 이미 여러 권의 투자 서적을 독파한 인물이었다. 모임에서 내 발표를 들은 뒤 조심스럽게 말을 건넸다.

"선배님, 지금 전세 살고 있는데…… 이 집을 매수해야 할까요?"

그는 당시 거주하던 아파트를 매수할지 말지로 고민하고 있었다. 전셋값과 매매가의 차이는 3천만 원 정도. 인근에는 개발 호재도 예정돼 있었다. 여러 조건을 종합해 봤을 때, 매수는 합리적인 선택이었다. 필자는 여러 번 조언했다.

"이건 단지 운이 아니라, 구조적으로 오를 가능성이 높은 매물입니다."

하지만 B 과장은 쉽사리 결정을 내리지 못했다. 며칠 뒤 그는 다시 질문을 보냈다.

"개발이 미뤄질 수도 있지 않을까요?"

"금리가 오르면 집값이 떨어지지 않을까요?"

"조금만 더 기다리면 더 좋은 기회가 오지 않을까요?"

그의 질문은 타당했지만, 동시에 '완벽한 시점'만을 기다리고 있다는 것도 느껴졌다. 결국 그는 결정하지 못했고, 한 달 뒤 해당 아파트는 2천만 원 넘게 상승했다. 이후에도 그는 나에게 대체 매물을 물었지만, 또다시 망설이며 기회를 놓쳤다. 그리고 1년 뒤, 처음 고민했던 아파트는 6천만 원이 더 올랐다. 그는 여전히 전세를 살고 있었다.

이 사례는 우리 주변에서 흔히 볼 수 있는 모습이다. 실행하지 못하는 사람들의 특징은 대체로 아래와 같다.

- 결정 마비 증후군: 더 나은 선택을 위해 끊임없이 고민만 한다.
- 정보 중독자: 공부만 하고 움직이지 않는다.
- 리스크 회피 성향: 실패가 두려워 완벽한 조건이 아니면 시작하지 않는다.

이런 성향에 빠지면 문제 해결보다 회피를 선택하게 되고, 결국 아무 일도 일어나지 않는다. 실행이 빠진 계획은 무용지물이다. 아무리 좋은 아이디어도 실행되지 않으면 그저 상상일 뿐이다.

반면, 같은 모임에서 만난 C 차장은 다르게 움직였다. 그는 "처음이라 겁이 나지만, 작은 것부터 시작해 보겠다"고 말했다. 그는 오래된 다가구 주택을 직접 보러 다녔고, 현장 분위기를 살폈다. 전문가에게 조언을 구하고, 임대 수익과 리스크까지 꼼꼼히 따졌다. 마침내 투자 결정을 내렸고, 2년 만에 약 30%의 시세차익을 실현했다. 그는 그 경험을 발판 삼아 더 큰 규모의 투자로 이어 갔다.

C 차장은 완벽한 확신이 들 때까지 머뭇거리지 않았다. 준비 가능한 수준에서 실행했고, 그로 인해 다음 기회를 잡을 수 있었다.

▶ 나의 실패, 나의 실행

필자 역시 처음부터 순탄했던 것은 아니다. 첫 부동산 낙찰 물건은 법적 분쟁이 얽힌 상태였다. 경험 부족으로 그 리스크를 간과했고, 예상치 못한 비용이 들었다. 하지만 그때 배운 교훈은 이후 비슷한 사례를 판별하는 데 큰 도움이 됐다.

또 한 번은 수원 인계동의 오피스텔에 투자했는데, 기대했던 임대 수익이 나오지 않았다. 공실 기간이 길어지고, 관리비 부담도 컸다.

당시에는 마음이 조급해졌고, '이 돈으로 다른 투자를 할걸…'이라는 후회도 들었다. 하지만 결국 이 경험들이 쌓이면서 실전 감각이 생겼다. 덕분에 지금은 부동산 분석 능력뿐만 아니라, 계약 구조와 임대 관리까지 스스로 해낼 수 있게 되었다.

▶ 행동한 자만이 기회를 가진다

이제는 말할 수 있다. 성공은 실행에서 시작된다. 뛰어난 전략이나 완벽한 조건이 아니라, 지금 내가 할 수 있는 일부터 시작하는 태도가 중요하다.

여기서 중요한 것은 '성공한 투자'가 아니라 '투자를 실행해 본 경험'이다. 그 경험 속에서 우리는 배운다. 실패를 두려워하지 않고 작은 규모라도 실행해 본 사람만이 다음 단계로 나아간다. 책에서 본 이론이나 유튜브에서 들은 분석은, 직접 실행에 옮기지 않으면 결국 내 것이 아니다. 내가 만난 수많은 사람 중 가장 빨리 성장한 이들은 '작게라도 실행해 본 사람'이었다.

마지막으로 이 말을 기억해 보자.

'완벽은 사람을 멈추게 하고, 실행은 사람을 성장하게 만든다.'

기회를 잡고자 한다면 먼저 움직여야 한다. 적은 돈이라도 투자하고, 경험하고, 리스크를 감당해 보는 것. 그게 진짜 재테크의 시작이다. 성공은 완벽한 사람이 아니라, 움직이는 사람의 편에 선다.

수많은 '우유부단' 씨들을 위한 조언

만약 당신이 여전히 실행을 두려워한다면, 아래 단계를 따라 보라.

- **정보 수집**

  기초적인 부동산 투자 지식을 익히되, 과도한 정보로 자신을 압박하지 말라.

- **작은 목표 설정**

  소규모 투자부터 시작하라. 예컨대, 월세 수익이 나는 원룸 매입이나 경매 참여도 좋은 출발점이다.

- **리스크 수용**

  완벽한 투자 기회는 없다. 중요한 것은 리스크를 관리하면서 배워 가는 자세다.

- **실행 후 평가**

  처음부터 완벽한 결과를 기대하지 말고, 경험을 통해 배워 나가라.

결국, 실행이 답이다.

부동산 투자에서 가장 중요한 것은 공부와 실행의 균형이다. 아무리 많은 정보를 알고 있어도 실행하지 않으면 아무 일도 일어나지 않는다. 반면, 실행한 사람은 경험을 통해 배우고 성장한다. 부를 얻는 사람과 얻지 못하는 사람의 차이는 단 하나다.

행동했느냐, 하지 않았느냐.

작은 습관의 힘:
정보를 수집하고 해석하는 법

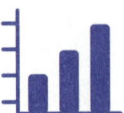

"성공은 준비된 자에게 온다"는 말이 있다. 그런데 여기서 말하는 '준비'는 단지 지식의 축적이 아니다. 그것은 세상을 읽고, 흐름을 감지하며, 한발 앞서 행동할 수 있는 감각을 말한다. 필자는 이 감각을 '정보 감각'이라고 부른다. 돈은 결코 스스로 움직이지 않는다. 움직이는 것은 우리의 판단이고, 그 판단의 뿌리는 대부분 정보에서 비롯된다.

그렇다면 정보 감각은 어떻게 길러지는가? 특별한 재능이 필요한가?

아니다. 내가 지금까지 실천해 온 몇 가지 작은 습관만으로도 누구나 이 감각을 훈련할 수 있다.

▶ 신문의 내용이 아닌 방향을 읽는다

하루를 시작하며 신문을 펼친다. 필자가 가장 먼저 보는 코너는 경제면도, 국제면도 아니다. '부동산·금융 관련 기사 중 어제와 비교해 다른 메시지가 담긴 기사'를 찾는다. 예컨대 "기준금리 동결"이라는 제목의 기사라도, 정작 내용 속에는 "다음 분기에는 인하 가능성"이라는 문장이 들어 있기도 하다. 필자는 그 '시장의 예측 심리'를 파악하려고 신문을 본다.

또한 지역 부동산 정보는 〈한겨레신문〉·〈한국경제〉처럼 성향이 다른 매체를 함께 비교해 본다. 보도 태도는 시장의 방향성보다 빠르게, 때로는 감정적으로 드러난다. 이 차이를 읽는 것이 중요하다. 신문이 아니라, '신문이 어디를 향하고 있는가'를 보는 훈련이다.

한 줄 TIP

- 제목과 기사 첫 문단만으로 판단하지 말 것
- 기사 내 전문가 인용 멘트의 빈도와 톤을 비교할 것
- 서로 다른 매체의 관점을 교차 확인하며 '왜 이렇게 썼는가'를 분석할 것

▶ 정보는 인터넷이 아니라 '현장'에서 얻는다

재테크에 관심을 가진 사람이라면, 부동산 커뮤니티나 증권 커뮤니티의 글을 많이 읽을 것이다. 필자도 과거에는 매일같이 사이트를 들여다봤다. 하지만 시간이 지나며 깨달은 건, 진짜 중요한 정보는 화면 밖에 있다는 것이었다.

예를 들어, 부동산을 살펴본다고 할 때 '네이버 부동산'에 나와 있는 매물 정보는 그야말로 껍데기일 수 있다. 실제 해당 지역 공인중개사에게 전화를 걸고, 주변 상가에서 점심을 먹으며 주민들의 이야기를 들어보면 전혀 다른 분위기를 감지할 수 있다. 임장은 단순한 수고가 아니라, 판단의 정밀도를 높이는 가장 확실한 도구다.

한 줄 TIP

- 부동산 지역 조사는 커뮤니티보다 '현장 방문'이 우선
- 시장 분위기나 미묘한 온도 차는 주민 인터뷰에서 얻을 것
- 건물관리인, 상가 사장님, 편의점 아르바이트생 등 주변 인물에게 질문할 것

▶ 책은 타인의 경험을 빌려 실패를 미리 체험하는 법이다

성공한 투자자들은 모두 책을 많이 읽는다. 하지만 그냥 많이 읽는 것이 아니다. 그들은 남이 실패한 경험을 책을 통해 미리 체험하고, 자신이 겪지 않아도 되는 위험을 회피하는 능력을 키운다. 필자도 과거에 큰돈을 들이지 않고 배울 수 있는 가장 강력한 도구는 책이라고 믿었다.

지금까지 인상 깊게 읽은 책 중 하나는 하워드 막스의 『투자에 대한 생각』이다. 단순히 투자 전략을 말하는 책이 아니라, 투자자의 심리와 판단에 대해 깊이 있게 다룬다. 또 피터 린치의 『전설로 떠나는 월가의 영웅』은 자신이 아는 분야에 집중하고 일상에서 투자 아이디어를 얻는 태도를 배울 수 있게 해 준다.

책을 읽으며 필자는 늘 같은 질문을 던진다.

'이 사람이 실패하지 않으려면 뭘 달리했어야 할까?'

'나였다면 같은 선택을 했을까?'

그런 질문을 던지며 읽으면, 단순한 독서가 아니라 '간접 경험'이 된다.

한 줄 TIP

- 실패 사례 중심의 책을 선택할 것
- 책을 다 읽은 후 '나였다면' 질문을 3개 이상 써 볼 것
- 투자서는 요약 말고, 본문 사례를 깊이 읽을 것

▶ 생각이 쌓이면 마음의 방향이 달라진다

정보 수집 습관은 결국 사고방식의 방향을 바꾼다. 처음에는 돈을 불리고 싶어서 신문을 읽었지만, 어느 순간부터는 '왜 사람들은 이 기사를 믿는가'를 고민하게 되고, '이 흐름이 일상생활에 어떻게 영향을 줄까'를 따지게 된다. 그 결과로 나오는 판단은 단순히 숫자가 아니라 '사고의 깊이'에서 비롯된다.

돈을 움직이는 힘은 단순한 숫자 계산에서 오지 않는다. 그것은 관찰의 습관, 판단의 훈련, 감정의 통제, 그리고 반복되는 성찰에서 자라난다. 세상을 보는 눈이 바뀌면, 돈이 흐르는 방향이 보인다. 그리고 그 흐름은 조용히, 아주 천천히 당신 쪽으로 다가오기 시작한다.

당신은 이미 충분히 준비되어 있다. 지금 이 작은 습관부터 시작해 보자. 신문 한 면을 다른 시각으로 읽고, 책 한 권에서 인생을 바꾸는 문장을 만날 수 있다. 매일 단 10분만이라도 '정보를 바라보는 태도'를 다듬는다면, 당신의 마음은 돈보다 더 강력한 힘을 얻게 될 것이다.

투자돋보기
투자는 예측이 아니라 대응이다

　많은 사람이 성공적인 투자의 비결을 미래를 내다보는 능력이라고 생각한다. 즉, 언제 주식을 사야 할지, 어느 지역의 부동산이 뜰지, 금리가 오를지 내릴지를 정확히 예측해야 한다고 믿는다. 하지만 현실에서 미래를 정확히 맞히는 것은 거의 불가능하다. 경제는 수많은 변수에 의해 움직이고, 전문가들도 번번이 예측에 실패한다.

　그래서 투자는 예측이 아니라 대응의 영역이다. 불확실한 미래를 맞히려 하기보다는, 어떤 상황이 벌어졌을 때 미리 준비한 대응 전략을 실행하는 것이 훨씬 안전하고 효과적인 투자 방법이다.

구분	예측 투자	대응 투자
투자 방식	미래를 예측하여 선제적으로 투자	사전에 전략을 세우고 기회가 올 때만 투자
리스크	예측 실패 시 손실 발생	예측 실패 시 손실 없음 (아무 행동도 하지 않음)
실행 시점	감정적 판단으로 즉시 매수/매도	미리 설정한 기준에 따라 실행
성공 확률	낮음(예측이 빗나갈 확률 높음)	높음(철저한 준비 후 실행)

그렇다면, 이러한 대응 투자의 실제 시례에는 어떤 것들이 있을까?

▶ 부동산 투자: 오를 지역을 맞히는 것이 아니라, 싸게 사는 전략

많은 사람이 '앞으로 개발될 곳이 어디냐'를 고민하며 부동산 투자에 뛰어든다. 하지만 아무리 철저한 분석을 해도 미래 개발 계획이 변경되거나, 예상과 다르게 수요가 형성되지 않는 경우가 많다.

반면, 대응 투자자는 특정 지역이 뜰지 맞히려 하지 않는다. 대신 '현재 시세 대비 저평가된 곳을 찾아, 시장이 변할 때를 기다리는' 전략을 가지고 있다.

재개발 · 재건축 진행이 확정된 지역을 중심으로 저렴한 매물을 확보하거나, 경매 · 공매를 통해 시세보다 저렴한 물건을 매입하면 부동산 시장이 예측과 다르게 흘러가더라도 손실을 최소화하고 기회를 기다릴 수 있는 여유가 생긴다.

▶ 주식투자: 특정 종목을 맞히는 것이 아니라, 시장 흐름에 대응

많은 개미 투자자들이 '어떤 종목이 오를까?'를 고민한다. 그러나 개별 종목을 맞히는 것은 전문가들도 어려운 일이다. 기업의 실적뿐만 아니라, 글로벌 경제, 정부 정책, 금리 변화 등 너무 많은 변수가 주가를 움직이기 때문이다.

대신, 대응 투자자는 '언제 사느냐'에 집중한다. 시장이 과열될 때는 현금을 보유하며 기다리고, 시장이 급락하거나 조정될 때 검증된 기업을 싼 가격에 매수한다.

예를 들어, 2020년 코로나19로 인해 시장이 폭락했을 때, 대응 투자자는 '더 떨어질까?'를 예측하는 대신, '좋은 기업을 싸게 살 기회'로 보고 분할 매수 전략을 실행했을 것이다. 결국 시장은 회복되었고, 장기적으로 큰 수익을 낼 수 있었다.

▶ 창업과 사업 운영: 트렌드를 맞히는 것이 아니라, 변화에 적응

사업에서도 예측보다는 대응이 중요하다. 과거에는 오프라인 매장이 잘 됐지만, 이제는 온라인이 대세다. 어떤 사업이 뜰지를 예측하는 것보다, 변화가 생겼을 때 빠르게 사업 구조를 바꾸고 대응하는 능력이 장기적인 성공을 좌우한다.

서점이 문을 닫을 때, 온라인 전자책 시장으로 전환한 기업, 오프라인 매장을 운영하다가 배달·구독 서비스로 모델을 바꾼 사례 등 이처럼 대응력이 뛰어난 사업가는 시장 변화에 맞춰 유연하게 움직이며 생존하고 성장한다. 투자에서 가장 위험한 것은 예측이 틀렸을 때 발생하는 손실이다. 하지만 대응 전략이 있다면 큰 손실을 입지 않는다.

다시 정리하자면, 부동산 투자에서는 '어느 지역이 뜰까?'보다 '싸게 살 수 있는 방법이 무엇일까?'를 고민해야 한다. '진입하는 것이 유리할까?'를 생각해야 한다.

투자는 예측이 아니라 대응이다. 기회가 왔을 때 움직일 준비가 되어 있다면, 누구나 안전하고 성공적인 투자를 할 수 있다.

사업 투자에서는 '다음 유행은 무엇일까?'보다 '트렌드가 변할 때 나는 어떻게 적응할 것인가?'를 계획해야 한다.

Part 2

▶

돈이 말해 주는
나의 건강 상태

"Beware of little expenses,
A small leak will sink a great ship."

"작은 지출을 경계하라.
조그만 구멍이 큰 배를 침몰시킨다."

- Benjamin Franklin(벤저민 프랭클린)

재정 건강 체크: 피하지 말고 부딪쳐서 돈의 흐름을 파악하자

우리는 몸이 아프면 병원에 가서 진단을 받는다. 혈압이 높거나, 속이 불편하면 검사를 하고 처방을 받는다. 그런데 이상하게 돈에 대해서는 그런 진단을 거의 하지 않는다. 카드값이 늘고, 월급이 들어오자마자 다 빠져나가도 그냥 '요즘 물가가 너무 올라서 그런가 보다.' 하고 넘긴다. 하지만 돈도 병이 난다. 그리고 그 병은 조용히, 아주 천천히 내 삶 전체를 망가뜨릴 수 있다.

돈에 병이 났는지, 안 났는지는 사실 금방 알 수 있다. 생활비가 항상 부족한지, 예금이 점점 줄고 있는지, 카드값을 매달 겨우 막고 있는지 등, 몸이 보내는 신호처럼 돈도 여러 신호를 보낸다. 하지만 우리는 이를 무시하고 눈감고 살아간다. 그 결과, 시간이 지나면 큰 문제가 되어 돌아온다. 그러니까 돈의 건강도, 주기적으로 점검하는 게 필요하다. 건강검진처럼 말이다.

돈은 거짓말을 안 한다. 돈은 굉장히 정직하다. 어디에서 들어오고 어디에서 나가는지를 하나도 빠짐없이 기록해 준다. 문제는 우리가 그걸 무시한다는 데 있다. 돈이 부족하다고 느낄 때, 대부분은 '모자라다'고만 생각하지 '왜 모자란지'에 대해서는 생각하지 않는다. 재정의 병은 우리가 무관심할 때 생긴다. 뭔가 이상하다 싶으면 바로 체크해야 한다.

돈은 쓰면 사라진다. 그리고 흔적을 남긴다. 그 흔적을 기록하지 않으면 '어디로 갔는지 모르게' 사라진다. 하지만 기록하면 다 보인다. 커피값, 점심값, 택시비, 구독료, 앱 결제, 심지어 편의점에서 집은 간식까지. 다 돈이다. 하루하루 흘러가는 이 지출의 흐름이 결국 내 인생의 방향을 정한다. 그러니 반드시 봐야 한다. 놓치지 말아야 한다.

필자의 조언을 얻은 A 군에 사례를 언급하고자 한다. A 군은 같은 대기업 후배로서 30대 초반의 대리 직책의 직장인이다. 세후 월급 450만 원을 받는다. 하지만 월말이면 항상 통장이 말라 있다. 심지어 월급이 들어오는 날에도 마이너스통장으로 빼놓은 금액이 자동이체 되면서, 실제로 손에 쥐는 돈은 거의 없다. 남들 보기엔 '좋은 회사 다니는 사람'이지만, A 군 본인은 항상 돈에 쫓기며 산다.

A 군은 왜 이럴까? 우선 고정지출이 많다. 대출 이자 70만 원, 카

드값 130만 원, 통신비와 공과금 40만 원, 월세 80만 원. 이 네 가지로만 벌써 320만 원이 빠져나간다. 거기에 식비, 유류비, 교통비, 친구들 모임 비용, 구독료, 카페 비용까지 더하면 100만 원은 우습게 넘는다. 결국 한 달이 끝날 무렵엔 적자다. 비상금은커녕, 비상시에 쓸 카드 한도조차 여유가 없다.

어디서부터 잘못된 걸까? A군의 문제는 소득보다 소비의 구조가 비효율적이라는 점이다. 돈이 나가는 줄 알면서도 '버릇처럼' 돈을 쓰고, 그게 반복된다. 소비의 흐름을 제대로 모르니까 막을 수도 없다. 돈이 어디로 어떻게 나가고 있는지 모른다면, 아무리 많이 벌어도 부족하다. A군은 그렇게 점점 '적당히 잘 버는 사람인데 늘 부족한 사람'이 되어 가고 있었다.

또 하나의 문제는, A 군이 '지금은 젊으니까…'라는 핑계로 미래 계획을 미뤘다는 점이다. 노후, 자녀 교육, 전세금, 결혼자금 같은 이야기들은 그에게 먼 미래의 이야기였다. 하지만 그런 준비를 안 하다 보니, 돈이 있어도 불안하고, 없어도 불안하다. 준비 없는 사람은 언제나 불안하다.

건강한 재정의 모습은 다르다. 평소 알고 지내는 B 양의 사례를 보자면, A 군과 같은 수입을 가진 30대 직장인이다. 하지만 매달 적금 50만 원, ETF(Exchange Traded Fund)[8]에 50만 원을 넣고, 생활비는 150만 원 선에서 지킨다. 어떻게 가능했을까? B양은 철저하게 소비를 점검하고, 필요 없는 고정지출을 잘라 냈다. 정기 구독 서비스는 최소로 1~2개로 줄이고, 커피도 하루 한 잔까지만 한다. 외식은 주 1회, 배달 음식은 거의 시키지 않는다.

무리하지 않되 기준을 세운 삶. B 양은 자신의 소비 패턴을 아는 사람이다. 그래서 돈을 어디에 어떻게 써야 할지를 안다. 그 덕에 갑자기 병원비가 나가도 당황하지 않는다. 여행도 연 1~2회는 무리 없이 다녀온다. 재정 건강은 이렇게 '불안하지 않은 상태'에서 유지된다.

돈의 흐름을 보면 삶이 보인다. A 군은 필자의 조언으로 지출 기록을 시작했다. 처음엔 손으로 메모하다, 나중엔 필자가 평소 엑셀로 정리하던 서식을 공유받아 사용했다. 그리고 놀라운 사실을 알게 된다. 하루에 두 잔 마시는 커피, 일주일에 세 번 이상 시키는 배달 음식, 쓰고도 기억 못 하는 앱 내 소액결제, 자동결제 되는 구독료……, 이런 것들이 한 달에 70만 원이 넘게 새고 있었다.

처음엔 '설마?' 싶었지만, 기록은 거짓말을 안 한다. 그리고 이 과정을 통해 A 군은 자신의 소비 패턴을 정확히 보게 된다. '나도 모르게 쓴 돈'이 사실은 매일 반복되는 작은 습관이라는 것을.

잠시 A 군의 하루를 따라가 보자.

---

8 주가 지수나 채권가 지수 등 특정 지수를 추종하여 거래소(Exchange)에 상장되어 거래 되는(Traded) 펀드(Fund)다. 인덱스 펀드가 그 모태가 되었다.

- 7:30 기상 후 집 앞 편의점에서 커피, 샌드위치 구매: 5,500원
- 9:00 출근길, 지하철 대신 택시 호출: 8,900원
- 12:00 회사 동료들과 점심(브런치 카페): 13,000원
- 14:30 졸음 쫓으려 스타벅스 아메리카노: 4,800원
- 18:30 퇴근 후 배달앱으로 돈가스 세트 주문: 17,000원
- 22:00 모바일 게임 유료 아이템 결제: 5,900원

하루 총지출: 55,100원. 한 달로 계산하면 약 165만 원이다. 개인적인 모임에서의 소비는 제외하고 말이다. A 군은 그제야 말했다.

"나도 모르게 돈을 너무 많이 쓰고 있었네요."

처음엔 귀찮고 민망해도, 마주해야 바뀐다. A 군도 처음엔 메모하는 것도 귀찮았고, '내가 이렇게까지 해야 하나?' 싶은 마음도 있었다. 하지만 2주쯤 지나자 익숙해졌고, 1개월 후엔 명확한 그림이 보였다. 문제는 '얼마를 쓰느냐'가 아니라 '어디에 쓰는지를 모르고 있다는 것'이었다. 불필요한 지출을 줄이니 여유가 생겼고, 돈을 통제할 수 있다는 자신감도 생겼다.

작은 습관이 큰 변화를 만든다. A 군은 매주 일요일 밤마다 자신의 한 주 소비를 정리하는 루틴을 만들었다. '돈 쓴 내역이 눈에 보이니 놀랍게도 소비를 덜 하게 된다'는 것을 체감했다. 한 달 후, 월말 통장 잔고가 60만 원 넘게 남았다. 처음 있는 일이었다. 그 돈으로는 적금을 시작했다. 인생이 바뀌는 순간은 그렇게 작게 시작된다.

돈이 부족하다고 느낀다면, 우선 해야 할 일은 더 벌 궁리를 하기

보다 내 돈이 어떻게 흐르는지를 먼저 보는 것이다. 수입보다 지출이 문제일 수 있다. 돈은 말없이 기록된다. 내가 그걸 들여다볼지, 외면할지는 내 선택이다.

오늘부터라도 지출을 기록해 보자. 적은 돈부터 체크해 보자. 돈이 새는 구멍이 보이면, 그게 시작이다. 돈을 내가 주도하면 돈이 나를 도와준다. 반대로 돈이 나를 끌고 다니면, 평생 돈에 끌려다닌다. 돈의 주인은 당신 자신이라는 걸 잊지 말자.

수입과 지출의 비밀: 내 돈의 흐름 이해하기

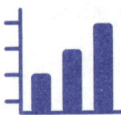

▶ 돈은 물처럼 흐른다, 눈에 보이지 않을 뿐이다

돈이란 건 늘 우리 곁에 있지만, 흐름은 잘 보이지 않는다. 예를 들어 보자. 매달 월급은 꼬박꼬박 통장에 들어오는데, 왜 늘 월말엔 통장이 텅 비어 있을까?

예전의 필자도 그랬다. 당시 회사에서 꽤 성실히 일했고, 매달 일정한 월급을 받았다. 결혼 후에는 맞벌이를 하면서 소득이 두 배가 되었는데도, 통장 잔고는 늘 왜인지 비슷했다. 분명히 돈은 들어오는데, 모이질 않았다. 어디선가 '샌다'는 생각은 했지만, 구체적으로 어디서 어떻게 빠져나가는지는 몰랐다.

그게 문제였다. 돈이 물처럼 흐르는데, 정작 본인은 그 흐름을 전혀 모르고 있었던 것이다. 이처럼 흘러가는 길을 모르면, 자신도 모르게 떠나는 것이 돈이다.

▶ 돈의 흐름을 추적하는 첫걸음: 내 통장 잔고는 어디로 새고 있었을까?

통장 하나로 모든 걸 쓰던 시절이 있었다. 월급이 들어오면 바로 그 계좌에서 공과금이 나가고, 카드값이 빠지고, 보험료가 자동이체로 빠져나가고, 생활비까지 그 통장에서 쓰였다.

한 달 동안 뭘 했는지 모른 채, 어느 날 통장을 열어 보면 잔고는 항상 충격적이었다. '어디다 썼지?' 싶은데, 정작 명세서를 보면 무슨 항목인지 기억조차 나지 않는다. 그래서 시작한 게 '통장 쪼개기'였다.

월급이 들어오는 주계좌 외에 지출용, 고정비용용, 투자용, 비상금용으로 계좌를 나누었다. 그리고 각 계좌에 자동이체로 돈을 분배했다. 마치 물길을 따로따로 내듯이, 돈이 정해진 목적지로 흐르도록 시스템을 만든 것이다.

예를 들면 이런 식이다.

● 고정비 통장: 관리비, 전기세, 보험료, 핸드폰 요금 등 고정적으로

나가는 지출

- 생활비 통장: 식비, 교통비, 커피값, 생필품 구입 등 카드 연동
- 비상금 통장: 병원비나 갑작스러운 수리비 같은 돌발 지출 대비
- 투자 통장: 월급의 일정 금액을 자동이체 해 펀드 · ETF · 예금 등 투자에 사용

처음엔 좀 번거로웠다. 계좌가 여러 개니까 헷갈리기도 했다. 하지만 두세 달이 지나자 눈에 띄게 바뀌었다.

'이달 생활비 통장 잔액이 5만 원 남았네?'

'이번 달은 교통비가 줄었네?'

비로소 돈의 흐름이 '보이기' 시작했다.

▶ 나의 소비 패턴을 알게 되다: 외식비가 문제였다

정리된 가계부를 보면서 충격을 받았던 날이 있다. 나름 절약한다고 생각했는데, 현실은 아니었다. 가장 큰 지출 항목이 외식이었다. 심지어는 커피값이 교통비보다 많았다.

회사 근처 카페에서 하루 한 잔씩 마시는 아메리카노가 5,000원. 일주일이면 25,000원, 한 달이면 100,000원이 넘는다. 퇴근하고 지친 몸에 배달 음식 한 번, 둘이서 먹으면 기본 25,000원. 이게 주 2회만 해도 한 달에 200,000원이 넘는다. 이 모든 비용이, '나중에 카드값'이

라는 이름으로 몰려왔다. 즉시 소비의 즐거움은 컸지만, 매달 말 '언제 이렇게 썼지?'라는 자괴감도 컸다.

그래서 외식비부터 손을 댔다. 집에 밥솥 두고 배달시키는 게 부끄럽다는 생각이 문득 들었다. 평일은 회사에서 저렴하게 끼니를 때웠다. 회사의 복지를 최대한 이용할 수 있는 환경이었으나, 그동안 활용하지 못하고 회사 음식이 지겹다는 말과 함께 동료들과 회사 밖의 식당을 찾아 헤매곤 했다. 카페 대신 회사 휴게실에서 텀블러에 커피를 타 마셨다. 작은 습관의 변화였지만, 한 달에 40만 원 정도가 남기 시작했다. 그 돈은 고스란히 '비상금 통장'으로 흘러 들어갔다. 이때 처음으로 '돈이 내 말에 따르기 시작했다'는 기분이 들었다.

▶ 명세서와 통장, 그 속에 숨겨진 진짜 메시지

많은 사람이 통장 잔고는 확인하지만, 거래 내역은 넘겨본다. 필자도 처음엔 그랬다. '결국 돈은 다 빠져나가는 거잖아.'란 생각으로 말이다. 그런데 어느 날, 카드 명세서를 유심히 들여다보다가 이상한 항목을 발견했다.

'1년 넘게 안 간 헬스장 자동이체', '앱스토어 결제-게임 아이템' 등.

의도적으로 쓴 것도 있지만, 무의식적으로 이어진 결제였다. 한 달에 10만 원 넘게 '안 써도 되는 돈'이 새고 있었다.

이걸 정리하자, 다음 달 카드값이 눈에 띄게 줄었다. 돈이 줄어든

게 아니라, 불필요한 구멍이 막힌 것이다. 흐름을 읽으면, 줄일 수 있고 막을 수 있다. 명세서, 거래 내역, 지출 카테고리를 한 줄씩 읽어 내는 건 지루하지만, 스스로를 위한 지출 헬스 체크다.

▶ 가계부는 귀찮은 게 아니라 통제력의 시작이다

필자도 처음 가계부를 쓰기 시작했을 땐 3일 만에 포기했다. 종이에 적는 건 불편하고, 앱은 귀찮았다. 그나마 회사에서 자주 사용하는 엑셀로 산술식을 활용한 가계부는 할 만했다. 인터넷 검색을 통해 누군가의 간략히 정리한 서식을 참조하여 일주일만 써 보니, 놀랍게도 소비 성향이 보였다. 주말만 되면 외식비가 급등하고, 평일 저녁에 꼭 뭔가를 시킨다든지.

반복하는 소비 패턴을 마주하고 나면, 대처할 힘이 생긴다.

'이건 매번 반복되는 습관이구나!'

스스로 인지하게 된다.

▶ 나만의 루틴: 금요일 밤의 가계부 정산

필자는 매주 금요일 밤, 30분 정도를 '나 혼자 회계사 되는 시간'으로 쓴다. 계좌 잔고를 확인하고, 생활비 통장의 지출 내역을 카테고

리별로 엑셀에 정리한다.

- 식비: 외식, 장보기, 커피
- 교통비: 대중교통, 주유비
- 소비재: 생필품, 의류, 잡화
- 여가비: 영화, 책, 여행
- 기타: 병원비, 선물, 기부

이렇게 5가지 범주로만 나누고, 간단한 막대그래프를 넣는다. 그러면 한눈에 보인다. 이달에는 돈이 어디로 갔는지. 여기서 놀라운 점은, 줄이고 싶은 항목은 꼭 줄어든다는 것이다. 의식하면 행동이 달라지고, 행동이 반복되면 습관이 되고, 습관은 인생을 바꾼다. 그 시작이 고작 엑셀 하나라는 게 믿기지 않지만, 실제로 그렇다.

▶ 돈이 모이지 않는 사람들의 공통된 착각

주변에서 자주 듣는 말이 있다.

"나는 돈을 벌면 벌수록 더 없어지는 것 같아."

정말 이상한 말처럼 들리지만, 이유는 간단하다. 소득이 늘어나면 소비도 함께 늘어나기 때문이다. 예전에 승진해서 월급이 50만 원 올랐을 때, 더 많은 여유가 생길 줄 알았다. 하지만 현실은 더 비싼 커피, 더 자주 외식, 더 자주 쿠팡…….

결국 남는 돈은 그대로였고, 때론 예전보다 마이너스였다. 돈은 버는 것보다 쓰는 걸 먼저 통제해야 한다. 더 많이 벌고 나서 통제하려는 건 순서가 뒤바뀐 것이다.

필자가 먼저 바꾼 건 '마인드'였다. 소득이 늘어날수록 지출 비율은 낮추기로 정했다. 그리고 추가 소득은 무조건 투자 통장으로 자동이체 되도록 설정했다.

▶ 워런 버핏도 햄버거 값은 체크한다

워런 버핏은 맥도날드에서 햄버거를 살 때 동전이 모자라면 가장 싼 메뉴를 고른다. 세상에서 가장 부유한 사람이 가장 검소하게 돈을 쓴다는 건 단순한 미담이 아니다. 이는 돈의 흐름을 늘 '의식하고 있다'는 증거다. 돈이 많다고 해서 흐름이 중요하지 않은 게 아니다. 오히려 자산이 커질수록 흐름을 제대로 통제해야 한다.

필자 역시 자산이 커질수록 더 정밀하게 지출을 살펴보고 있다.

'지금도 충분한데, 어디서 더 줄일 수 있을까?'

이런 사고방식은 나를 더욱 부자로 만든다.

▶ 돈이 내 말을 따르게 하려면 흐름을 통제하라

결국 돈의 흐름을 통제하는 사람만이 진짜 돈의 주인이 된다. 흐름을 파악하지 못하면 늘 돈에 끌려다닌다. 하지만 흐름을 읽고, 다듬고, 원하는 방향으로 돈을 흐르게 만든 순간, 돈은 나를 위해 일하는 '자산'이 된다. 처음부터 완벽할 필요는 없다.

한 줄 기록, 통장 쪼개기, 명세서 정리…….

이런 작은 실천들이 결국 재정 체질을 바꾸는 기초 체력이 된다.

당신의 돈이 어디서 들어오고, 어디로 빠져나가는지 알지 못한다면 지금이 바로 흐름을 점검해야 할 때다. 돈을 통제하지 못하면, 삶도 통제되지 않는다. 돈의 흐름을 이해하는 건 단순한 숫자 관리가 아니라, 당신의 삶을 당신답게 만드는 일이다.

재정 건강 지수 측정: 당신의 돈은 건강한가?

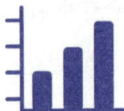

'나는 정말 돈을 잘 쓰고 있는 걸까?'

재테크를 시작하면서 스스로에게 가장 먼저 던진 질문이었다. 우리는 인바디를 통해 체지방과 근육량을 측정하며 건강 상태를 체크하곤 한다. 그런데 우리의 재정 상태는 어떨까? 한 달, 혹은 1년 동안 돈이 어떤 흐름을 따라 흘렀는지 진단해 본 적이 있는가? 그저 잔고가 줄어드는 걸 지켜보며 '이번 달도 또 빠듯하네.'라고만 생각하고 있지는 않은가?

▶ 재정에도 인바디가 필요하다

'재정 건강 지수'라는 개념은 돈을 얼마나 버느냐보다 얼마나 건강하게 관리하고 있느냐를 나타내는 수치다. 아무리 많이 벌어도 잘못된 방향으로 쓰고 있다면 그것은 재정적으로 '비만'에 가까운 상태다.

실제로 내 주변에도 고소득임에도 불구하고 카드 돌려막기와 연체 이자에 시달리는 친구들이 있다. 반면, 월급은 적어도 꼼꼼한 관리로 예적금과 투자 자산을 차곡차곡 쌓아 가는 사람도 있다. 중요한 건 수입이 아니라 수입과 지출의 구조, 그리고 흐름의 습관이다.

다음은 재정 상태를 점검해 보기 위해 한 번쯤 활용해 볼 수 있는 재정 건강 셀프 테스트 항목이다. 필요할 때 참고용으로 점검해 보길 권한다.

체크 항목	설명	나의 점수 (0~2)
① 저축률	총수입의 30% 이상을 저축 또는 투자하고 있는가?	
② 고정비율	고정비(주거비, 통신비 등)가 총수입의 50% 이하인가?	
③ 비상금	최소 3개월 치 생활비를 예비 자금으로 확보했는가?	
④ 가계부	지출 내역을 정기적으로 기록하고 점검하고 있는가?	
⑤ 금융상품 이해	내가 가입한 금융상품(대출, 보험, 투자)의 구조를 이해하고 있는가?	

- 9~10점: 재정 탄탄, 매우 건강한 구조
- 6~8점: 개선 여지 있음, 특정 항목에 집중 필요
- 3~5점: 재정 근육 약화, 생활비 흐름 우선 점검 요망

● 0~2점: 위험 신호, 재무 구조 전면 재정비 권장

이 지표는 필자가 수년간 재테크 루틴을 만들며 다듬은 기준이다. 단순히 숫자놀이가 아니라, 매달의 '재정 건강 보고서'를 스스로에게 발급하는 과정이었다.

돈도 몸처럼 돌보면 반응한다. 재정 건강이란 특별한 것이 아니다. 돈이 들어오고, 나가고, 남고, 쌓이는 구조를 인지하고 통제할 수 있는가. 이 단순한 진단에서 모든 것이 시작된다.

지금 당신의 재정 건강 지수는 몇 점인가? 오늘 밤, 통장과 카드 내역을 천천히 들여다보자. 내 돈이 어디에서 시작돼 어디로 흘러갔는지, 그리고 무엇이 남았는지 그 여정 하나하나를 따라가 보자.

그것이 바로 '돈의 근육'을 키우는 첫걸음이다.

웰빙의 시작: 작은 변화가
큰 차이를 만든다

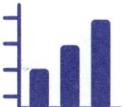

'한 달 동안 커피 한 잔을 사지 않으면 얼마가 모일까?'

이런 계산을 해 본 사람은 많다. 하지만 중요한 건, 그렇게 계산만 해 본 사람과, 정말 커피를 줄여 본 사람은 전혀 다른 인생을 살고 있다는 것이다. 필자는 오랫동안 아침마다 커피를 사 마셨다. 처음에는 단순히 졸음을 쫓기 위한 용도였지만, 어느새 출근길 '루틴'이 되어 있었다.

편의점 1,500원, 프랜차이즈 카페 4,500원. 종류는 달라도 지출은 꾸준했다. 월요일부터 금요일까지 하루 한 잔. 1개월이면 20일. 1년이면 240일. 단순 계산만 해도 연간 50~60만 원은 족히 커피에 쓰고 있었다. 돈이 아깝다는 생각보다 '이 정도는 내 삶의 여유'라는 위안이 더 컸다. 하지만 문제는 커피 한 잔이 아니었다. 커피가 내 '낭비의 시작점'에 불과했다는 사실이었다. '이왕 나온 김에……' 하며 샌드위치, 디저트, 택시 호출까지 이어졌다. 결국은 커피 한 잔이 하루 소비 패턴 전체를 좌우하고 있었다.

▶ 바꾸는 건 돈보다 '태도'

어느 날 가계부를 보며 소름이 돋았다. 생활비 지출 중 20% 이상이 외식과 간식, 배달 음식에 들어가고 있었다. 반면 책, 자기 계발, 건강 같은 항목은 고작 5%도 채 안 되었다.

'나는 내가 중요하다고 말하는 것엔 돈을 아끼고, 실은 별로 중요하지 않은 데에는 아낌없이 쓰고 있었던 것 아닐까?'

그 깨달음이 너무 선명해서, 그날부터 지출의 우선순위를 정리해 보기로 했다. 첫 번째로 한 건 바로 '출근길 커피 끊기'였다. 회사에 제공해 주는 커피믹스가 건강에는 좀 안 좋아도, 공짜의 배려를 누리고자 하였다.

'지금 내 돈을 위해, 인생의 작은 선택을 바꿨다.'

그렇게 생각하기로 했다.

▶ 재정적 웰빙은 작은 습관에서 시작된다

'돈을 통제한다'는 건 거창한 게 아니다. 자신의 소비 습관 하나를 돌아보는 것, 작은 흐름 하나만 바꾸는 것만으로도 시작된다. 요즘은 커피뿐 아니라 옷, 식비, 각종 구독료까지 3개월 단위로 리마인드 캘린더에 적어 둔다. 자동이체 한 번에 돈이 나가지 않도록, '나의 동의'를 거쳐 돈이 움직이게 하는 습관을 들였다. 그 과정에서 무엇을 진짜 중요하게 여기는지를 알게 됐고, 돈의 방향도 자연스레 바뀌었다. 작은 습관 하나가, 매달 수십만 원의 차이를 만들었다. 그 돈은 쌓여 비상금이 되고, 투자 종잣돈이 되었다. 무엇보다 중요한 건, '돈에 쫓기지 않는 삶'에 대한 자신감을 갖게 됐다는 점이다.

재정적 웰빙은 단순히 돈이 많아서 생기는 게 아니다. 내가 돈을 어떤 마음으로, 어떤 목적을 가지고 사용하는지에 달려 있다. 그리고 그 시작은 늘 아주 사소한 것에서 시작된다. 당신의 커피 한 잔, 배달 주문 한 번, 택시 호출 한 번이 당신의 재정 건강을 좌우할 수 있다. 그러니 묻고 시작하자.

'이건 정말, 지금 이 순간의 나에게 필요한 소비인가?'

나만의 재정 건강 관리법: 돈이 아닌 나를 관리하라

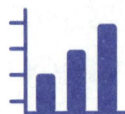

"돈이 부족한 게 아니라, 내가 부족했던 거다."

이 말은 내 첫 신용카드 연체 경험 이후, 노트에 적어 둔 문장이다. 스물아홉, 필자는 한참 잘나가는 직장인이었다. 삼성이라는 이름값, 매월 입금되는 안정적인 월급, 그리고 '이 정도면 나도 중산층이지.' 하는 착각 속에서 살았다.

그런데 정작 손에 남는 돈은 없었다. 신용카드 명세서를 보면 입이 떡 벌어졌고, 매달 말이면 은행 앱을 보며 마음이 헛헛해졌다.

'분명 열심히 일했는데, 왜 돈이 이리 없지?'

▶ 돈은 정직하다, 문제는 늘 나였다

그 시절 나는 돈을 탓했다. 월급이 적다, 물가가 비싸다, 세금이 많다. 하지만 그건 핑계였다. 나중에 가계부를 들여다보니 돈이 없던 이유는 명확했다. 매주 세 번의 외식, 늘어난 커피 지출, 퇴근길 충동구매, 그리고 '스트레스를 푼다'는 명분으로 소비했던 고가의 제품들. 돈은 정직했다. 어떻게 살고 있는지, 무엇을 우선순위로 삼고 있는지를 하나도 빠짐없이 보여 주고 있었다.

이 경험 이후 큰 깨달음을 얻었다. 돈을 관리하는 데 있어 가장 먼저 바꿔야 할 것은 습관이 아니라 '나'였다는 것을. 지출을 줄이려면 돈이 아니라 욕망, 기분, 자기 인식부터 건드려야 했다. 왜냐하면 돈을 쓰는 모든 결정은 바로 나라는 사람의 성격, 상황, 감정에서 비롯되기 때문이다.

예컨대 외식을 자주 하는 건 단지 '요리하기 싫어서'가 아니라, 사실은 사람들과의 관계에서 오는 심리적 공허함을 음식으로 채우려는 경우였다. 비싼 브랜드 가방을 구매할 땐, 실제로 필요해서가 아니라 '나도 이 정도는 살 수 있어.'라는 자기과시 욕구 때문이었다.

▶ 자기관리 없이 돈 관리는 없다.

돈을 다루기 전에 나 자신을 다뤄야 했다.

- 감정이 들끓는 순간에는 소비 버튼을 누르지 않기
- 피곤할수록 지출을 유예하기
- 사람을 만나는 일이 곧 소비가 되지 않도록 계획 세우기
- SNS에 소비 유혹이 많을 땐 일부러 로그아웃하기

이런 작고 구체적인 습관들을 만들면서, 돈보다 스스로를 통제하는 연습을 해 나갔다. 그리고 무엇보다 중요한 건 '쓸데없는 지출을 줄이겠다'는 죄책감 중심의 절약이 아니라, '지금의 나를 더 잘 살게 하는 소비'를 추구하는 긍정 중심의 소비로 변화시키는 것이다.

이제 필자는 이렇게 정의한다. 재정 건강이란, 돈을 얼마나 많이 버느냐가 아니라 돈이 나를 지배하지 않도록 '나를 단단히 다스릴 수 있는 능력'이다. 이 말이 진부하게 들릴 수 있지만, 실제로 내가 겪은 모든 재정적 진보는 '돈'이 아닌 '나'에서 시작됐다.

결국 돈은 도구이고, 그 도구를 어떻게 쓸지는 전적으로 자기 자신에게 달려 있다. 그리고 그 능력은 하루아침에 생기지 않는다. '돈'이 아니라 '나'를 관리하는 일, 그게 바로 재정 건강 관리의 출발점이다.

잊지 말아라. 돈을 관리하고 싶다면, 그 전에 '나'를 들여다봐야 한다는 것을.

불필요한 지출 줄이기 프로젝트: 재정의 체지방 제거하기

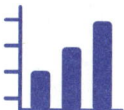

건강검진에서 '내장지방 수치가 높다'는 소리를 처음 들었을 때의 충격을 기억한다. 겉보기엔 멀쩡해 보여도 속은 그렇지 않았다는 이야기다. 그런데 이 경험은 '돈'에도 똑같이 적용됐다. 겉보기엔 괜찮아 보이는 통장 잔고. 하지만 들여다보면 실속 없는 반복 지출로 가득했다.

재정적인 체지방, 즉 불필요한 지출은 늘 천천히, 조용히 쌓인다. 그리고 한번 익숙해지면 줄이기 힘들어진다. 필자의 경우 매달 말이면 반복적으로 '어디에 이렇게 돈을 썼지?'라는 질문을 하게 됐고, 엑셀에 지출 내역을 적으며 뒤늦게서야 진실을 마주하곤 했다. 내장지방처럼, 이 지출들은 무심코 쌓이다 결국 통장을 무겁게 만든다.

▶ 체지방의 원인: 무의식적 소비 패턴

한 달에 한두 번 정도의 외식은 괜찮다고 생각했다. 그런데 한두 번이라는 기준은 늘 주관적이다. 고3 아이 입시 준비로 심적으로 지칠 때마다 외식을 핑계로 위안을 삼았고, 점심값이 만 원을 넘기기 시작했다.

여기에 커피 습관이 더해졌다. '작은 사치니까 괜찮아.'라고 스스로 위로하며 하루에 두 잔씩 테이크아웃.

월 30잔×4,500원=135,000원.

아침에 드립커피를 내릴 여유만 있었어도 충분히 아낄 수 있었던 금액이다.

또 하나. 정기 구독 서비스. 음악, OTT, 뉴스, e—book 서비스까지. 처음엔 무료 체험으로 시작한 것이 해지를 잊은 채 몇 달을 흘려보냈다. 월 5천 원, 9천 원이라 가볍게 생각했던 것들이 모여 한 달에 3~4만 원을 넘었다.

이런 지출들은 의식적으로 들여다보지 않으면 절대 줄일 수 없다. 특히 정기 결제 항목은 매달 빠져나가면서도 체감이 크지 않아 '지출의 사각지대'를 형성한다.

▶ 내 지출을 줄인 3단계 프로세스

☞ 전수조사: 카드 사용 명세서 3개월 치 복기

지출 절제의 시작은 '보는 것'이다. 매월 카드 명세서를 엑셀로 옮겨 적는 것으로 시작했다. 자동화 툴도 있지만, 손으로 직접 기록하는 게 중요했다. '내가 직접 적는다'는 과정 자체가 경각심을 높여 준다.

☞ 구독·정기 결제 정리

OTT는 가족 회의 끝에 한 가지만 남기고 모두 해지했다. e—book 서비스도 구청에서 제공하는 전자도서관에 한정하여 정리했고, 음악은 유튜브 프리미엄으로 통합했다. 이렇게만 했는데도 월 2만 원 이상을 절약했다.

☞ 매주 식비 리셋 데이 지정

주 1회 '냉장고 파먹기 데이'를 만들었다. 남은 재료로 식사 만들기. 예전에는 '오늘은 뭐 먹지?'라는 고민이 외식으로 이어졌지만, 지금은 오히려 그날이 창의적인 하루가 된다. 아이들과 함께 '양파 카레', '두부 리조또' 등을 만들며 가족과의 시간도 늘었다.

▶ 절약된 돈, 어디에 쓰는가가 관건

지출을 줄이면 결국 질문은 이것이다.
'이 돈을 어디에 쓸 것인가?'

필자의 경우 절약한 돈은 '목돈 만들기 전용 통장'으로 옮긴다. 월말마다 잔고를 확인하고, 불필요한 지출에서 아낀 금액을 이체한다. 이 통장은 쓰지 않고 보는 용도로만 쓰인다. 심리적 만족감과 절약 습관을 동시에 만족시키는 방식이다.

또 하나, 절약한 돈은 기분 좋은 투자로 연결된다. 아이 학원비를 대신해 독서 교육을 함께하는 시간, 가끔은 그 돈으로 중고 서적을 구매하거나 부모님께 필요한 소모품을 사 드리기도 한다. 단순히 숫자를 쌓는 것이 아닌 '나와 주변을 위한 소비'로 전환하면서 만족감은 더 커졌다.

재정의 체지방은 당장 티 나지 않지만 결국 통장과 정신 모두를 무겁게 만든다. 돈을 모으는 것보다 '새지 않게' 만드는 것이 먼저다. 내 몸처럼 내 돈도 가볍게 만들어야 앞으로 잘 나아갈 수 있다.

작은 지출이 나를 갉아먹기 전에, 나를 살리는 지출로 전환하자. 그 시작은 오늘 하루 커피 한 잔을 직접 내려 마시는 것일지도 모른다.

▶ 소비 진단 체크리스트: 나의 소비 습관, 건강한가요?

다음은 소비 진단 체크리스트이다. 각 항목에 체크하여 총점을 계산한 후, 자신의 소비 습관을 진단해 보기를 바란다. 항목 중 해당하는 것에 체크해 보자. 총점에 따라 당신의 재정 체지방 상태를 확인할 수 있을 것이다.

항목	예 (1점)	아니오 (0점)
매일 커피/간식 등 소액 소비를 거의 무의식적으로 하고 있다		
외식 횟수가 주 3회 이상이다		
카드값이 매달 예상보다 많이 나온다		
정기 구독 서비스를 3개 이상 사용하고 있다		
한 번도 사용하지 않은 구독 서비스가 있다		
급할 때를 대비한 비상금 통장이 없다		
지출을 기록하는 습관이 없다		
스트레스를 받으면 쇼핑이나 배달앱을 켜게 된다		
지출이 특정 항목(패션, 골프, 취미 등)에 편중되어 있다.		
월급일 전 통장이 바닥나는 일이 잦다		

항목	예 (1점)	아니오 (0점)
주로 신용 카드로 결제한다		
소비할 때 남은 잔액을 미리 확인하지 않는다		
3개월 이상 장기 할부를 이용한 적이 있다		
최근 3개월간 현금으로 결제한 내역이 거의 없다		

항목	예 (1점)	아니오 (0점)
충동구매 후 후회한 경험이 많다		
나에게 꼭 필요한 소비인지 점검하지 않고 지출한다		
'할인', '1+1', '한정 판매'에 약한 편이다		
소비 패턴을 되돌아본 적이 거의 없다		

- 0~4점: 소비 습관이 건강한 편. 이대로 유지하도록 노력한다.
- 5~10점: 경고 신호! 일부 소비 패턴을 점검하고 개선이 필요하다.

● 11점 이상: 재정 체지방이 과도하게 축적 중. 진지한 소비 다이어트가 필요하다.

점검 결과에 따라 외식 50% 줄이기 / 구독 서비스 1개 해지 / 무지출 데이 주 1회 등 '한 달 지출 다이어트 플랜'을 세워 보자.

불확실성을 이기는 투자

투자에서 흔히 듣는 말 중 하나가 '인내한 만큼 큰 수익을 얻을 수 있다'는 것이다. 하지만 이는 절반만 맞는 말이다. 단순히 버티는 것이 아니라, 어떤 원칙을 가지고 버티느냐가 중요하다.

많은 투자자는 투자 과정에서 큰 스트레스를 받는다. 시장의 변동성을 견디지 못해 성급하게 매도하거나, 반대로 지나친 확신으로 무리한 투자를 감행하는 경우가 많다. 결국, 투자를 지속할 수 있는 사람과 그렇지 못한 사람의 차이는 '불편함을 얼마나 줄일 수 있는가'에 달려 있다.

▶ 불편한 투자 vs. 편안한 투자

불편한 투자는 투자자가 시장에 휘둘리는 방식이다. 예를 들어, 뉴스나 경제 전망을 보고 즉흥적으로 투자 결정을 내리는 경우가 있다. '금리가 오를 것 같으니 미리 주식을 팔아야겠다.' 혹은 '이제 부동산이 바닥일 것 같으니 대출을 받아서라도 사야겠다.'라는 식의 투자 방식은 불확실성을 더 키우는 결과를 초래한다.

반면, 편안한 투자는 사전에 정한 원칙을 지키는 방식이다. 예를 들어, 부동산 투자의 경우 '대출 비율은 월세 수익으로 상환 가능한 수준으로 제한한다'는 원칙을 세우면 금리가 오르더라도 큰 스트레스를 받을 일이 없다.

주식투자에서도 '기업의 펀더멘털이 변하지 않는 한 일정 기간 이상 보유한다'는 기준을 정해 두면, 시장 변동에 휘둘리지 않고 차분히 대응할 수 있다.

▶ 투자의 핵심은 '내가 버틸 수 있는 방식'을 찾는 것

투자의 세계에서 가장 중요한 것은 내가 끝까지 버틸 수 있는 전략을 세우는 것이다. 단기적인 시세 변화에 흔들리지 않으려면, 몇 가지 원칙을 정하고 이를 지키는 것이 필요하다.

- **위험 감내 수준을 설정하라**

  최대 손실 가능 금액은 전체 자산의 10%를 넘지 않는다.

  어떤 경우에도 빚을 내서 투자하지 않는다.

- **투자 목표를 분명히 하라**

  5년 뒤 10억 원의 순자산을 목표로 한다.

  월 500만 원의 현금흐름을 확보하는 것을 우선 목표로 한다.

- **투자 결정을 단순하게 만들어라**

  주식은 시장 변동성이 큰 시기에만 추가 매수한다.

  부동산은 실수요 및 임대 수익이 안정적인 지역 위주로 검토한다.

이처럼 투자 원칙을 정하고 나면, 매일 주가나 부동산 가격을 확인하며 스트레스받을 필요가 없다. 투자에서 중요한 것은 최적의 타이밍을 맞추는 것이 아니라, 내가 끝까지 유지할 수 있는 전략을 실행하는 것이다.

▶ 결국 돈이 아닌 삶을 위한 투자

투자할 때 가장 중요한 질문은 '나는 왜 투자하는가?'이다. 단순히 돈을 불리기 위해서라면, 단기적인 수익과 손실에 지나치게 집착하게 된다. 하지만 투자 목적이 더 안정적인 삶을 위한 것이라면, 자연스럽게 긴 호흡을 가지고 편안한 투자 방식을 찾게 된다.

시장의 변동성을 이기는 방법은 끊임없이 예측하고 대응하는 것이 아니라, 불확실성을 견디면서도 편안하게 지속할 수 있는 투자 방식을 찾는 것이다. 그렇게 해야 투자 과정 자체가 스트레스가 아닌, 삶을 더 풍요롭게 하는 수단이 될 수 있다.

Part 3

▶

돈을 움직이는 기술

"Wealth is not about having a lot of money,
it's about having a lot of options."

"부는 많은 돈을 가지는 것이 아니라,
선택의 폭을 넓히는 것이다."

- Chris Rock(크리스 록)

저축의 힘:
적은 돈이 큰 자산으로

저축은 그저 돈을 모으는 것 이상의 의미가 있다. 저축을 통해 돈을 대하는 자세와 습관이 만들어지고 이는 결국 큰 자산으로 돌아오게 된다.

어렸을 때부터 저축하는 습관을 들인 것은 필자에게 큰 자산을 형성하는 기반이 되었다. 어머니는 항상 용돈의 절반을 저축하라고 가르치셨다. 처음에는 적은 금액이었지만, 시간이 지나면서 금액은 점점 커졌다.

어렸을 적 저축 습관이 필자의 재정 관리에 얼마나 큰 영향을 미쳤는지를 생각해 본다. 필자는 시골 마을 마트에 가는 것을 좋아했다. 부모님께 받은 용돈을 모아서 친구들과 함께 간식을 사 먹는 것이 큰 즐거움이었다. 하루는 친구들과 마트에 갔는데, 용돈을 조금 더 받았기 때문에 평소보다 더 많은 간식을 살 수 있을 것으로 생각했다. 하지만 마트에 도착해 간식 코너를 돌다 보니 다양한 간식이 너무 많아 선택하기 어려웠다. 결국 내가 제일 좋아하는 초콜릿과 새로운 맛의 과자 몇 개를 골랐다.

계산대에 줄을 서 있는 동안 문득, '어떻게 하면 용돈 관리를 잘해서 내가 원할 때 더 많이 사 먹을 수 있을까?'라는 생각이 들었다. 집에 돌아와 공책과 연필을 준비해 '용돈 관리'라는 제목을 쓰고, 받은 용돈과 쓴 돈을 기록하기 시작했다. 매주 얼마를 저축하고, 얼마를 쓸지 계획을 세웠다. 처음에는 어려웠지만, 점점 익숙해지면서 돈을 더 효율적으로 사용할 수 있게 되었다.

몇 달 뒤, 그동안 모은 돈으로 갖고 싶었던 간식을 살 수 있게 되었다. 새로운 맛의 과자를 손에 쥐고 있을 때의 뿌듯함과 성취감은 이루 말할 수 없었다. 용돈을 조금씩 모아 필요한 것을 사는 것이 중요하다는 사실을 깨달았다. 이 경험은 필자에게 돈의 소중함을 배우게 했고, 성인이 되어서도 저축의 중요성을 항상 염두에 두게 했다.

작은 용돈이라도 계획적으로 관리하면 원하는 것을 이룰 수 있다는 사실을 깨닫게 되었고, 성인이 되어서도 그 깨달음을 가지고 지금의 내가 될 수 있었다. 저축의 중요성을 깨달은 어린 시절의 경험은 필자의 재정 관리와 자산 형성에 큰 도움이 되었다.

이렇게 저축한 돈으로 중학교 때 첫 컴퓨터를 구입할 수 있었고, 이는 기술에 대한 관심을 키우는 계기가 되었다. 이후 대학 시절에

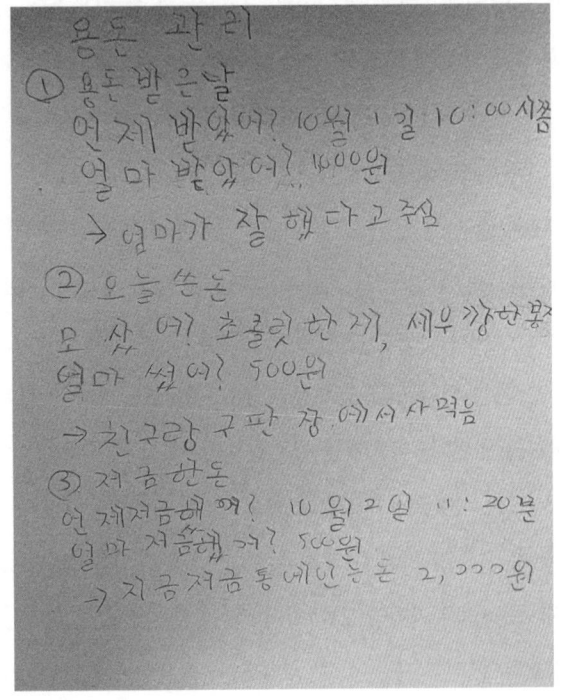

도 아르바이트를 통해 번 돈을 꾸준히 저축하여 졸업 후 나름 당시 고사양 노트북을 구입할 수 있었다. 이러한 경험으로 돈을 관리하고 목표를 이루는 방법을 배울 수 있었다. 어쩌면 매달 일정 금액을 저축하여 첫 주택 구입 자금을 마련할 수 있었던 것도 이런 습관에서 기인한 것일지도 모른다.

이러한 저축 습관은 필자의 재정 계획의 핵심이었다. 매달 저축 목표를 설정하고 이를 달성하기 위해 노력했다. 가계부를 통해 지출을 관리하고, 불필요한 소비를 줄였다. 이를 통해 저축 목표를 달성할 수 있었고, 장기적인 재정 계획을 세울 수 있었다.

스노우볼이 만드는 마법:
작은 시작이 큰 변화를 만든다

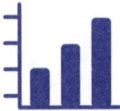

저축 습관이 형성된 후, '스노우볼'[9] 전략을 활용해 자산을 불렸다. 이는 적은 돈을 모아 점차 큰 자산으로 키워 가는 방법이다. 어린 시절, 용돈을 저축해 작은 장난감을 구입하곤 했는데, 이는 나중에 더 큰 장난감을 사기 위한 첫걸음이었다. 용돈을 500원씩 모아 3,000원짜리 장난감을 사기 위해 달력을 보며 하루하루를 기다리던 초등학생 시절이 종종 떠오른다. 그때 필자는 스노우볼의 힘을 가장 먼저

---

9 눈덩이(Snowball)가 처음에 작게 굴러가다가 점차 크기가 커지며 빠르게 불어나는 모습을 투자 전략에 비유한 것이다. 시간이 지날수록 투자 원금과 이자가 함께 증가하는 복리 효과를 강조한 것이다. 투자자 워런 버핏의 장기적인 자산 축적 및 복리 효과 활용 전략으로 유명해졌다.

경험한 주인공이었다. 물론 그때는 스노우볼의 힘이 언젠가 인생을 바꿀 수 있을 거라고는 상상도 못했다. 그저 그때의 습관이 성인이 되어서도 계속 이어졌을 뿐이다.

그렇게 대학 시절, 아르바이트를 하며 번 돈을 꾸준히 저축했다. 처음에는 적은 금액이었지만, 시간이 지나면서 그 금액은 점점 커졌다. 졸업 후 첫 직장을 구한 후에도 월급의 일정 부분을 저축해 나갔다. 그렇게 저축한 돈으로 작은 주식을 사기 시작했고, 이를 통해 얻은 수익을 다시 저축했다.

이러한 반복적인 저축과 투자는 자산을 크게 불리는 데 중요한 역할을 했다.

▶ 작은 출발이 만든 습관

아버지는 농사꾼이셨다. 해마다 수확량이 좋으면 표정이 환하셨고, 가뭄이라도 들면 아무 말씀 없이 밭고랑만 바라보셨다. 그런 아버지 곁에서 돈이란 '늘 부족한 것', '어른들만 고민하는 것'이라 여겼다. 그래서인지 돈을 쓰는 것보다, 모아 두는 게 훨씬 마음 편하다는 이상한 고정관념이 생겼다.

초등학교 3학년 때, 문방구에서 팔던 UFO 팽이가 갖고 싶었다. 가격은 2,000원. 하루 200원씩 받은 용돈 중 100원은 무조건 저금통에 넣고, 나머지로는 불량식품이나 딱지 몇 장을 사며 하루를 살았다. 딱 20일 후, 동네 친구들이 부러워하던 그 팽이를 사 들고 집으로 돌아올 때 느낀 뿌듯함은 아직도 잊히지 않는다. 지금 생각하면 그게 필자가 처음 겪은 '저축의 기쁨'이었다.

대학교에 입학하고 처음 해 본 것은 아르바이트였다. 패스트푸드점 주방, 시험 감독, 물류센터 박스 포장까지 안 해 본 일이 없었다. 시급 3,200원이던 시절, 한 달 열심히 일하면 30만 원 정도 벌 수 있었고, 그중 20만 원은 무조건 CMA 통장에 넣었다. 그땐 단리인지 복리인지도 몰랐지만, 돈이 쌓여 가는 숫자를 보는 것만으로도 희열이 있었다.

지금도 가끔 떠올린다. 그때 적은 돈이라도 안 모았으면, '돈은 있으면 쓴다'는 무의식이 몸에 먼저 박혔을 것이다. 저축 습관은 어느 순간 자산 형성의 리듬을 만들었다. 작게 시작한 습관은 나중에 큰 결단을 할 때도 내 편이 되어 주었다.

▶ 사회 초년생, 첫 월급의 무게

첫 직장을 삼성에서 시작했다. 명함에 '삼성' 두 글자가 찍힌 순간, 부모님은 안도의 한숨을 쉬셨다.

그러나 사회생활의 초반은 생각보다 버거웠고, 월급은 관리되지 않은 채 흘러갔다.

몇 달 후, 이대로는 안 되겠다는 생각이 들었다. 월급 통장을 다시 열며 마음을 다잡았다.

'이번에는 저축부터 하자.'

그때 만든 나름의 규칙은 단순했다.

- 월급의 60%는 무조건 저축
- 나머지는 가계부로 통제
- 적금은 단기, 예금은 중기, 펀드는 장기로 분산

그리고 매달, 자산을 엑셀로 정리해 수치를 체크했다. 수입보다 지출이 줄어들면 그것도 성취였다. 아주 작은 플러스라도 성장했다는 느낌이 들었다. 그렇게 매달 200만 원, 300만 원이 쌓이던 어느 날, 작은 아파트 경매에 참여하게 되었다.

▶ 투자로 이어진 눈덩이

그 경매 물건은 4,000만 원 초반대의 낙찰가였다. 사실 돈이 많아서 한 게 아니라, 무리해서 만든 종잣돈을 굴려 보려는 첫 시도였다. 임차인을 안정적으로 들여보내고, 월세 45만 원을 받았다. 월급 외에 들어오는 첫 수동 소득이었다. 즉, 삶에 '돈이 일하기 시작했다'는 증거였다.

여기서 중요한 건 수익률보다도 마음가짐이었다. 움직이지 않아도 들어오는 수입이 생기자, 돈을 모으는 데서 '운용'으로 사고가 전환되었다. 돈의 스노우볼이 굴러가기 시작한 것이다.

이후에도 주식 적립식 투자, 재건축 조합원 입주권 매입, 부동산 소액 투자 등 다양한 방식으로 돈을 불려 나갔다. 하지만 이 모든 것의 시작은 어린 시절의 저금통이었다. 100원을 넣던 그 습관이 1,000만 원을, 그리고 수억 원의 자산을 굴리는 마중물이 되었다.

한 줄 TIP

- 내가 사용한 스노우볼 전략 요약

  [1단계] 소득의 일부를 '선저축'으로 확보(가계부 기반 통제)

  [2단계] CMA, 적금, 예금 등 안전자산 중심으로 시드머니 형성

  [3단계] 초소형 투자 경험(경매, 소형 주식 등)

  [4단계] 수익 재투자 및 자동화 시스템 구축

  [5단계] 포트폴리오 분산 및 현금흐름 기반 자산 확장

이러한 흐름을 반복하면서, 자산은 서서히 눈덩이처럼 불어났다.

돈은 모은 만큼이 아니라, 모으기 시작한 순간부터 달라진다. 스노우볼은 한번 굴러가기 시작하면 가속도가 붙는다. 하지만 시작하

지 않으면, 영원히 작은 눈덩이로 남는다. 당신의 삶에 첫눈을 굴릴 시간은 지금이다. 내일은 없다. 매일 조금씩이라도, 돈과 시간을 투자하자. 그러면 어느 날, 그 눈덩이는 당신을 꿈꾸던 산 정상까지 데려다줄 것이다.

효율적인 자산 관리: 저축과 투자 전략

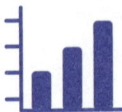

직장 생활 초기에 필자는 돈을 조금씩 모아 예적금을 시작했다. 대부분의 사람처럼 처음에는 '일단 넣고 보자'는 심정이었다. 그런데 시간이 지나면서 이자라는 작은 수익이 주는 기쁨에 눈을 떴고, 어떻게 하면 더 효율적으로 저축을 운용할 수 있을까를 고민하게 되었다. 그때 발견한 것이 바로 예적금 풍차 돌리기 전략이었다.

▶ 풍차 돌리기의 기본은 '유동성+수익성'

이 전략은 말 그대로 예금과 적금을 여러 개로 나누어, 각각 다른 만기로 설정해 두고 '돌려 가며 굴리는' 방식이다. 예를 들어 3개월, 6개월, 1년 만기의 예적금을 각각 만들어 놓고, 만기 도래 시 원금과 이자를 재투자하거나 필요에 따라 활용하는 것이다.

이 방법의 좋은 점은 두 가지다. 하나는 수익성. 금리가 높을 때 고정 이율로 묶어 두면 비교적 안정적인 수익을 얻을 수 있다. 또 하나는 유동성. 급하게 돈이 필요할 때 모든 예금을 깨지 않고, '그달에 돌아오는' 한두 개만 활용하면 된다는 점이다.

처음에 이 전략을 들었을 때, 나는 순간 이렇게 생각했다.

'어라, 이거 신용카드 돌려막기랑 비슷하네?'

하지만 중요한 차이가 있다. 카드 돌려막기는 구멍 난 지출을 다음 달로 '연기'하는 것이고, 예적금 풍차 돌리기는 잘 짜인 현금흐름의 '분산 운영'이다. 즉, 후자는 주도권이 내 손에 있고, 전자는 신용카드가 쥐고 있는 셈이다.

한번은 가까운 지인이 자동차 고장이 나는 바람에 수리비 200만 원이 급하게 필요했다. 그 친구는 평소에 1년짜리 예금을 해 놓고 자랑처럼 말하곤 했다.

"나는 절대 중간에 안 깨. 무조건 만기까지 간다니까."

그런데 수리비를 마련하려다 결국 10개월 차에 예금을 해지하게 되었고, 결과적으로 단리 수준의 기본 이자도 못 받고 손해를 봤다. 그 말을 듣고는 필자가 한마디 했다.

"야, 그거 진짜 아깝다. 2개월만 더 있었으면 이자 붙었을 텐데. 엄청 속 쓰리겠네……."

툭 내뱉은 말에 그 친구는 고개만 끄덕였다. 그때 확신했다. 예적금 풍차 돌리기 전략은 단순한 습관이 아니라 '리스크를 분산시키는 수단'이기도 하다는 걸.

▶ 예금 해지 vs 예금 담보대출: 무엇이 이득일까?

보통 사람들은 급하게 돈이 필요하면 예금을 깨야 한다고 생각한다. 하지만 필자는 되도록 예금을 깨지 않는다. 대신 '예금 담보부 대출'을 활용한다. 이해를 돕기 위해 아래처럼 비교해 보자.

- **예금 이자 수익**
  - 예금 이율: 4% 연이율
  - 예금 금액: 1,000만 원
  - 예금 기간: 12개월
  - 예금 이자: 1,000만 원×4%=40만 원

- **대출 이자 비용**
  - 대출 이율: 4.8% 연이율
  - 대출 금액: 600만 원
  - 대출 기간: 6개월
  - 대출 이자: 600만 원×4.8%×0.5(6개월)=14.4만 원

즉, 예금을 해지하지 않고 예금 담보로 대출을 받으면 순수익이 약 25.6만 원이 남는다. '묶인 돈은 살리면서, 당장 필요한 돈은 유연하게 가져오는 전략.' 바로 이게 예금 담보부 대출의 핵심이다. 필자는 예적금을 다음과 같은 구조로 운영했다.

- 3개월 만기 예금×2개
- 6개월 만기 적금×2개
- 1년 만기 예금×1개
- 예비자금용 CMA 계좌×1개

매달 1~2개의 만기가 도래하도록 설정해 두면, 어느 시점에도 현금흐름에 여유가 생긴다. 이 중 일부를 재투자하고, 일부는 비상 자금 계좌로 옮겨 유동성을 확보했다. 가계부를 보면 마치 공장 가동률 점검하듯 예적금 만기와 재투자 일정을 체크하는 스스로가 처음엔 꽤 재미있었다. 마치 작은 은행을 운영하는 기분이었다.

자산 관리는 대단한 스킬이 필요한 것이 아니다. 지속 가능한 구조를 만드는 것이 핵심이다. 예적금 풍차 돌리기는 단순하지만, 매우 강력한 습관이자 전략이다. 적은 돈이 쌓이면 시스템이 되고, 시스템이 쌓이면 자산이 된다. 그게 바로 금융 스노우볼이다.

당신도 지금 바로 할 수 있다. 3개월짜리 적금 하나부터 시작해 보자. 그리고 그날 만기 통장에 찍힌 이자 숫자를 보며 웃을 수 있는 날을 기대해 보자. 그 작고 기분 좋은 웃음이, 당신의 다음 재테크 습관을 만들어 줄 것이다.

부동산 투자, 거품이라는
색안경을 벗고 내딛는 첫걸음

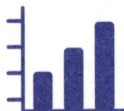

▶ 일본 버블경제, 그 빛과 그림자

1980년대 후반, 일본은 세계에서 가장 비싼 땅을 보유한 나라로 불렸다. 도쿄 중심가에 있는 황궁의 땅값이 당시 미국 전체의 땅값과 맞먹는다는 우스갯소리도 있었다. 일본의 부동산은 말 그대로 '가격이 오르지 않는 것이 이상한' 시대를 거쳤다. 은행은 담보 가치만으로 무리한 대출을 내주었고, 투자자들은 부채를 끌어다 땅을 사고 건물을 올렸다. 하지만 그 버블은 1991년 갑자기 꺼졌고, 이후 일본은 무려 20년 이상을 '잃어버린 세월'로 보내야 했다. 하지만 이 긴 터널 속에서도 주목할 만한 투자자들이 있었다.

예를 들어, 도쿄 미나토구(港区)는 버블 붕괴 후에도 꾸준히 인구가 유입된 지역이다. 버블 붕괴 직후 1995년경, 많은 건물이 공실로 방치되고, 자산가들이 매물 정리에 나서면서 매매가는 바닥을 쳤다. 그런데 당시 외국계 자산운용사 출신의 일본인 투자자 사토 히로시 씨는 이런 상황을 기회로 보았다.

그는 일단 지역 분석부터 시작해 보았다. 도보 5분 거리에 JR 야마노테선이 있고, 도쿄 타워가 한눈에 보이는 위치라는 점, 그리고 외국인 근로자와 전문직 종사자가 많이 거주하는 점을 근거로 낙후된 아파트 두 채를 매입했고, 이후 리모델링을 통해 외국인 대상 고급 임대주택으로 전환했다. 5년 후 자산가치는 약 2.3배 상승했다.

사토는 이렇게 말했다.

"가격이 떨어졌다는 사실보다, 사람이 떠났는지 남아 있는지를 먼저 봤습니다."

일본에서는 최근 '아키야(空き家)'라고 불리는 빈집 문제도 화두였다. 후생노동성 통계에 따르면, 2023년 기준 전국에 약 900만 채 이상의 공가가 있으며, 그중 절반 이상이 사실상 방치된 상태이지만 이 안에서도 기회를 본 사람들이 있었다.

나가노현의 한 마을에서 30대 부부가 운영하는 '지역 재생 프로젝트'가 대표적이다. 이들은 공짜나 다름없는 50년 된 목조주택을 무상으로 임대받아, 지역 자원봉사자와 함께 리모델링을 시작했다. 자재는 대부분 지역에서 재활용하거나 기부받았고, 리모델링을 콘텐츠화해 유튜브와 SNS로 소통하면서 관광객과 후원도 받게 되었다. 현재 그 집은 지역 카페 겸 게스트하우스로 변모했고, 이들이 재생한 폐가는 벌써 7채에 이른다. 이들이 말하는 가장 중요한 점은 "사라지는 동네에 사람을 다시 모이게 하는 힘"이었다.

이처럼 일본은 극단적인 버블 붕괴를 겪었지만, 투자 기회를 찾은 사람들은 다음과 같은 공통점을 가지고 있었다.

- **시장 흐름보다 '사람의 흐름'을 중시했다**
  - 사람이 모이는 곳은 결국 회복한다는 믿음을 가지고 있다.
- **모든 자산은 회복 주기가 다르다는 것을 이해했다**
  - 도쿄는 빠르게 회복했고, 지방은 천천히 회복했다. 그 주기를 읽은 사람들이 돈을 벌었다.
- **실행력이 중요했다**
  - 미나토구에 부동산을 사겠다고 고민만 하던 투자자들은 끝내 아무것도 하지 못했고, 폐가를 '싼값'에 넘겨 버린 지주들은 후회하고 있다.

필자가 실제로 투자에 참고한 일본 사례는 다음과 같다.

- **도쿄 중심가의 회복력**
  - 서울의 도심 투자와 유사. 필자는 종로구 '경희궁자이' 매입 당시, 도심 회복 흐름에 주목했다.

- **지방 폐가 리모델링 사례**
  - 한국에서도 지방 소도시, 특히 전북 군산이나 충남 공주 지역에서 유사 사례가 시작되고 있다.
- **공가 활용 정책 변화**
  - 일본에서는 '빈집 뱅크'를 통해 정부가 리모델링 비용을 일부 보조했고, 한국도 지방자치단체에서 유사한 사업을 확대하는 중이다.

이처럼 일본의 실패와 회복, 그리고 그 안에서 나온 다양한 사례들은 단순한 경제사의 뒷이야기를 넘어서, 우리에게 실천적 통찰을 준다.

'거품이 꺼졌다고 끝난 게 아니다. 다시 부풀릴 줄 아는 자만이, 그 거품을 수익으로 바꾼다.'

실패를 두려워 말고
일단 실전으로

부동산 투자를 이야기할 때 사람들은 대부분 성공 사례부터 듣고 싶어 한다. 얼마에 사서 얼마에 팔았고, 수익률은 몇 퍼센트였는지. 하지만 필자는 감히 말하고 싶다. '그 전에 실패부터 물어보라'고. 실패의 디테일을 묻지 않는다면, 그 사람의 성공도 피상적인 숫자에 불과할 수 있다.

▶ 실패의 값진 교훈-역촌동 재건축 투자

2005년, 은평구 역촌동에 있는 다세대주택에 눈길이 갔다. 당시에는 재건축 정비구역으로 지정된 상태였고, 주변에는 '곧 뜰 것'이라는 소문이 무성했다. 사업시행인가도 이뤄졌고, 관리처분인가만 나면 본격적인 사업이 시작될 터였다.

현장을 두세 차례 둘러보며 동네 분위기를 살폈다. 전철역이 도보 10분 거리였고, 학군과 시장, 병원 접근성도 나쁘지 않았다. 무엇보다 서울 시내에서 이런 저평가된 지역이 재건축을 통해 환골탈태할 가능성에 큰 기대를 걸었다. 주택을 매입하면서 '10년 안에는 입주할 수 있을 것'이라는 장밋빛 시나리오를 그렸다.

하지만 현실은 달랐다. 조합 내부의 분쟁, 일부 조합원의 소송, 원활하지 못한 시공사 선정 문제 등 수많은 난관이 이어졌다. 관리처분인가가 날 때까지 무려 10년이 걸렸고, 착공은 2021년에야 이뤄졌다. 필자는 결국 2015년, 원금 수준에서 매각할 수밖에 없었다. 결과적으로 11년 동안 자금이 묶였고, 물가상승률과 기회비용까지 감안하면 분명 손해였다.

이 실패는 두 가지 교훈을 주었다. 첫째, 정비사업 투자는 '시간'이라는 리스크가 본질이다. 둘째, 장기 투자를 할 경우에도 일정 수준의 '유동성 자산'을 병행 관리하지 않으면 생활 자금에 문제가 생길 수 있다. 말하자면 투자를 통해 자유로워지려 했는데, 오히려 생활이 투자에 얽매이는 상황이 벌어질 수도 있는 것이다.

하지만 이 경험이 없었다면 훗날의 성공은 불가능했을지도 모른다.

▶ 성공은 준비된 실패 위에 지어진다-경희궁자이 투자기

시간은 2014년으로 흐른다. 당시 서울 부동산 시장은 장기 침체의 막바지에 접어들어 있었다. 박근혜 정부의 부동산 규제 완화가 시작됐지만, 시장 반응은 싸늘했다. 그해 종로구 신문로에 들어서는 대단지 아파트, '경희궁자이'가 일반분양에 나섰다. 그런데 미분양이 났다.

'서울 한복판에서, 미분양이라니……?'

일반적인 투자자라면 고개를 돌릴 수밖에 없는 상황이었다. 하지만 필자는 정비사업의 전 과정을 경험한 사람으로서 이 단지가 가진 가치를 놓치지 않았다. 단순히 현재 시세가 아닌, 완공 후의 그림을 읽는 눈이 생긴 것이다.

경희궁자이는 조합원 지분으로 먼저 매입했다. 당시 매입가는 약 5억 원. 종로 중심에 위치한 초대형 단지였고, 광화문, 서촌, 서대문 일대를 도보로 누빌 수 있는 입지였다. 특히 단지 바로 앞이 숭례문 ~경희궁으로 이어지는 역사문화축으로 지정돼 있어, 개발과 보존이 공존하는 특수성이 매력적이었다.

이때의 투자 판단은 철저히 실패의 반성에서 비롯됐다. 역촌동에서는 사업 지연을 예측하지 못했고, 유동성 계획도 부족했다. 이번에는 조합 진행 상황, 조합장의 성향, 시공사의 안정성까지 치밀하게 검토했다. 시공사는 자이 브랜드로 굳건한 GS건설이었고, 조합 내 갈등도 거의 없었다. 이후 관리처분인가, 착공, 일반분양까지 모두 예상대로 흘러갔다.

2024년 필자는 해당 조합원 지분을 16.5억 원에 매각했다. 세후 수익 약 10억 원. 주변 사람들은 '대단하다', '운이 좋았다'고 했지만, 필자는 그렇게 생각하지 않는다. 오히려 그 배경에는 11년간의 고통스러운 실패와 수많은 밤의 분석이 있었다. 결국 나의 진한 경험의 농도가 담겨 있는 사례였다.

▶ 결정은 감이 아니라 기록에서 나온다

경희궁자이 투자를 결정할 당시, 필자는 엑셀로 '지역별 낙폭', '정비사업 진행률', '기존 시세와 향후 분양가' 등을 비교 분석했다. 시장이 침체기일수록 데이터는 더 중요했다. 감으로 사는 시대는 지나갔다. 특히 재건축 투자는 진행 속도, 리스크, 인허가 장벽 등 수많은 변수를 고려해야 한다.

물론 모든 데이터가 예측을 완벽히 보장해 주진 않는다. 하지만 실패했던 이유, 그리고 그 실패를 보완할 수 있는 요소가 명확해질수록 '불안한 투자'는 '계획된 투자'가 될 수 있다.

투자 경험 중 재미있는 일화도 있다. 당시 같은 스터디 멤버였던 K 씨는 경희궁자이를 함께 검토하던 중 예금 만기를 기다리지 못하고 조급한 마음에 미분양 아파트 대신 지방 소형 아파트를 매입했다. 결과는 어땠을까? 지방 부동산 시장의 하락과 맞물려 해당 물건은 2년 내내 공실이었다. 결국 예금은 깼고, 세금까지 물면서 손해를 보았다. 그는 지금도 그 말만 꺼내면 속이 쓰리다고 한다. 그래도 그러한 경험이 다른 데서 자양분이 될 것으로 믿는다.

필자는 부동산 투자에서 계획보다 중요한 것은 실전이라고 생각한다. 책상 앞에서 아무리 계산기를 두드려도, 현장을 밟지 않으면 진짜 감이 오지 않는다. 초보 투자자라면 실패해도 되는 작은 규모부터 시작해 보자. 그리고 그 과정의 감정과 교훈을 기록하자.

실전은 실패를 수반하지만, 그 실패는 다음 투자에서 가장 강력한 자산이 된다. 다시 말하지만, 실패 없이 성공한 사람은 없다. 다만 실패에서 무언가를 배우지 못한 사람만 있을 뿐이다.

● 역촌 1주택 재건축

- 재개발 정비구역 지정(2005년) ⇒ 필자 매수
- 재건축 정비구역 지정(2007년)
- 사업시행인가(2009년)
- 관리처분인가(2015년) ⇒ 필자 매도
- 착공신고(2021년)
- 준공(2024년 12월)

【 노후화된 빌라와 단독주택 모습(개발 전) 】

▲ 출처: 李기자의 정비사업 일일 브리핑 51, 이지철, JJ매거진

【 역촌 센트레빌 아스테리움 시그니처 전경 (2024.12 준공 후) 】

▲ 출처: 동부건설, '역촌 센트레빌 아스테리움 시그니처' 준공 "입주 중", 박지애, 마켓in.

주식투자: 리스크와 보상이 만드는 조화

주식투자는 리스크와 보상이 공존하는 영역이다. 높은 수익을 기대할수록 리스크도 커지게 되고 이를 어떻게 관리하느냐가 성공적인 투자를 결정짓는다. 그저 많이 벌겠다는 욕심으로 뛰어드는 것이 아니라, 리스크를 최소화하면서도 지속적으로 수익을 창출할 수 있는 전략적 접근이 전제되어야 한다.

카지노의 룰렛[10] 게임을 생각해 보자. 한때 카지노에서 확률적으로 이기는 방법이 있을까 궁금해 엑셀로 룰렛 게임의 랜덤 함수를

---

10 프랑스어로 작은 바퀴(Little Wheel)라는 의미로 18세기 프랑스에서 시작되었다. 원형 테이블과 회전하는 휠을 사용하여 공이 떨어지는 숫자와 색깔을 맞추는 카지노 게임이다.

돌려본 적이 있다. 결론은 단순히 맞히는 것이 아니라, '어떻게 베팅할 것인가'가 성패를 가른다는 사실이었다. 패배했을 때 베팅 금액을 두 배로 늘리고 승리했을 때는 초기 베팅 금액으로 돌아가는 전략을 활용하면 손실을 줄일 수 있었다.

이를 주식투자에 대입할 수 있다. 확신이 가는 주식이라면 분할 매수를 하고 하락 시 추가 매수를 통해 평균 단가를 낮추는 방식으로 말이다. 또한, 현금 비중을 70% 이상 유지해 급락장에서 저가 매수 기회를 만들고 수익이 20% 이상 발생하면 분할 매도를 실행하는 전략을 활용하면 상대적으로 안정된 수익을 추구할 수 있다.

▶ 경제신문에서 돈의 흐름을 읽는 법

주식투자에서 가장 중요한 것은 감정에 휘둘리지 않는 냉철한 판단과 계획된 접근이다. 필자는 매일 아침, 신문을 읽는 것으로 하루를 시작한다. 그날의 투자 전략은 신문의 주요 기사들 속에 단서가 있다. 특히 1면과 3면, 그리고 경제섹션 중간에 실리는 박스 기사는 절대 그냥 넘기지 않는다. 거기엔 단순 뉴스가 아닌, 편집자의 의도가 숨어 있다.

예를 들어 보자. 어느 날 1면 머리기사에 "기준금리 동결… 가계부채 우려 여전"이라는 제목이 떴다면, 이는 단순한 금리 뉴스가 아니다. 당국의 긴축 의지가 유지되며, 은행주의 수익성이 제한될 수도 있다는 시그널이다. 동시에 부동산 시장의 회복세가 지연될 수 있다는 단서이기도 하다. 이처럼 신문의 문장 하나하나는 금융시장의 심리, 방향성, 정책 의도를 읽는 실마리다.

대부분의 독자는 큼지막한 제목의 기사에만 집중한다. 하지만 필자는 박스 기사, 즉 면 하단에 작게 나오는 짧은 칼럼이나 숫자 중심의 기사에 더 큰 관심을 둔다. 왜냐하면 이런 기사에는 핵심 데이터, 기관의 포트폴리오 이동, 시장의 틈새 신호들이 담겨 있기 때문이다.

예를 들어 "연기금, 3개월 연속 매도… 시장 영향은?"과 같은 기사가 있다. 단 몇 문단일 수 있지만, 이는 코스피 대형주에 단기적인 하락 압력이 있다는 것을 시사한다. 이럴 땐 보유 종목 중 해당 섹터에 속하는 종목이 있는지 체크하고, 포트폴리오를 리밸런싱[11] 할지

---

11 운용하는 자산의 편입 비중을 원래 투자 목표에 맞게 재조정하는 행위를 말한다. 즉, 투자자가 설정한 자산 배분 비율을 유지하고, 위험을 관리하고, 수익률을 개선하는 데 도움이 되는 중요한 투자 기법이다.

고민하는 계기로 삼는다.

또한 많은 개인 투자자들은 국내 뉴스에만 의존한다. 하지만 자본은 글로벌하게 움직이고, 환율이나 금리, 상품 가격은 모두 미국과 중국의 영향권에 있다. 신문 내외신 요약 기사, 특히 〈월스트리트저널(Wall Street Journal)〉, 〈블룸버그(Bloomberg)〉, 〈닛케이(Nikkei)〉 발행 기사들은 한국 시장보다 하루 이상 앞선 방향성을 보여 준다.

예를 들어 "미국 연준, 금리 인상 속도 조절 시사"라는 외신 요약이 있다면, 이는 글로벌 주식시장에 반등 기대가 생겼다는 신호다. 이 타이밍에 환율과 외국인 투자자 수급을 체크하면서, 포트폴리오의 대형 수출주를 검토한다. 필자는 이 같은 정보 흐름을 통해 엔씨소프트, 삼성전자를 매수·매도할 타이밍을 잡기도 했다.

이렇게 필자는 매일 경제신문을 읽으며 시장의 흐름과 추세를 모니터링하고, 월별·분기별로 보유 주식을 리밸런싱하면서 시장 변화를 분석했다. 이러한 습관은 시장의 변동성 속에서도 안정적인 수익을 창출하는 데 큰 도움이 되었다.

주식투자는 다양한 전략과 도구를 활용하여 리스크를 관리하고 수익을 극대화할 수 있다. 필자는 기술적 분석과 기본적 분석을 결합한 하이브리드 접근법을 선호하지만, 실제로 가장 중점을 두는 것은 기본적 분석이다.

기본적 분석은 주가 변동이 아닌, 기업의 본질적 가치를 파악하고 장기적인 관점에서 투자 결정을 내리는 것에 초점을 맞춘다. 이를 위해 다음과 같은 요소들을 꼼꼼히 검토한다.

- 재무제표 분석: 부채 비율, 영업이익률, 현금흐름 등 재무적 건전성을 평가
- 산업 성장성과 시장 경쟁력 평가: 해당 기업이 속한 산업의 장기적 성장 가능성을 분석
- 경영진 역량 및 기업 전략: 경영진의 의사 결정과 기업의 성장 전략이 적절한지 검토

특히, 필자는 재무적 분석(정량적 분석)과 산업 및 기업 분석(정성적 분석)에 많은 시간을 투자한다. 주가의 일시적인 변동성에 휘둘리기보다는 기업의 내재 가치를 중심으로 투자 결정을 내리는 것이 장기적인 성공을 위한 핵심 전략이다.

물론, 기술적 분석을 완전히 배제하는 것은 아니다. 주가 차트와 거래량 분석은 매수·매도 시점을 판단하는 데 유용한 보조 도구로 활용한다. 하지만 궁극적인 투자 판단은 기본적 분석을 기반으로 한다. 즉, 기본적 분석을 중심으로 장기적인 가치를 평가하고, 기술적 분석을 보조적으로 활용해 거래 타이밍을 조정하는 전략을 따른다. 이는 단기적인 시장 변동성에 흔들리지 않으면서도, 효과적으로 투자 기회를 포착하는 데 도움이 된다.

또 하나의 중요한 주식투자 원칙은 분산 투자이다. 단일 주식에 모든 자금을 투자하는 것은 큰 리스크를 수반하므로 다양한 산업과 자산 클래스에 분산 투자하여 리스크를 줄이는 것이 중요하다. IT, 헬스케어, 금융 등 여러 분야의 주식에 투자하여 포트폴리오를 구성

했다. 이를 통해 특정 산업의 변동성이 전체 투자에 미치는 영향을 최소화할 수 있었다. 참고로 손실에 민감한 필자는 경기 변동성에 덜 흔들리고 과점적 위치에 있는 필수소비재 주식을 선호한다.

또한, 주식투자에서 감정 통제가 매우 중요하다고 생각한다. 주가의 급등락에 따라 감정적으로 반응하기보다는, 미리 설정한 투자 계획과 원칙을 지키는 것이 중요하다. 예를 들어, 시장이 급락할 때 공포에 휘말려 매도하는 대신, 오히려 저가 매수의 기회로 삼는 것이 중요하다. 반대로, 시장이 과열되었을 때 탐욕에 휘말려 더 많은 투자를 하기보다는, 수익을 실현하고 리스크를 관리하는 것이 필요하다.

이처럼 투자에서 수익을 내는 능력만큼이나 중요한 것이 리스크를 조절하는 능력이다. 많은 투자자가 높은 수익률을 기록한 사람들에게 주목하지만, 사실 장기적으로 꾸준한 성과를 유지하는 투자자들의 공통점은 철저한 리스크 관리에 있다.

- 진정한 투자 고수는 수익을 내면서도 과도한 리스크를 지지 않는다.
- 경기 상황과 관계없이 안정적인 성과를 내는 투자자는 리스크를 효과적으로 통제할 줄 안다.

좋은 리스크 관리는 적절한 수준의 리스크를 부담하면서도 높은 수익을 올리는 것을 의미한다. 예를 들어 중간 수준의 리스크를 감수하면서도 높은 수익을 올린 투자자라면, 이는 그가 예상보다 낮은 리스크를 선택했거나 리스크 관리 능력이 뛰어났기 때문이다.

워런 버핏, 피터 린치, 줄리안 로버트슨과 같은 투자 대가들은 수십 년간 꾸준한 실적을 기록하면서도 치명적인 실수를 피했다는 공통점이 있다. 물론 한두 해 성과가 나빴던 적도 있지만, 리스크 관리와 수익 창출 사이에서 균형을 유지했기에 오랜 시간 시장에서 살아남을 수 있었다.

리스크는 보이지 않지만, 시장이 흔들릴 때 현실이 된다. 경기가 좋을 때는 리스크 관리가 중요하지 않아 보일 수 있다. 하지만 예상하지 못한 악재와 맞물릴 때 현실이 된다. 따라서 리스크 관리는 위기가 닥쳤을 때 손실을 최소화할 수 있도록 사전에 대비하는 과정이다. 평소에는 보이지 않지만, 시장이 흔들릴 때 대비책이 있는 투자자와 그렇지 않은 투자자의 차이는 극명하게 드러난다.

리스크 관리를 쉽게 이해하기 위해 두 가지 비유를 생각해 볼 수 있다.

첫째, 리스크는 자동차의 브레이크와 같다. 고속도로에서 시속 200㎞로 질주하는 자동차를 상상해 보자. 아무리 속도를 내고 싶어도 브레이크가 없다면 결국 사고로 이어질 가능성이 높다. 투자에서도 마찬가지다. 높은 수익을 추구하는 것은 좋지만, 리스크를 통제할 수 없다면 큰 손실을 볼 가능성이 커진다. 좋은 투자자는 수익률뿐만 아니라, 안전을 위한 대비책도 철저히 세운다.

둘째, 리스크는 건강 관리와 같다. 당장은 몸에 아무 이상이 없어

보일 수 있지만, 건강 관리를 소홀히 하면 결국 병으로 이어진다. 투자에서도 마찬가지로, 리스크 관리를 게을리하면 장기적으로 큰 손실을 맞을 가능성이 높다. 건강을 위해 정기 검진을 받듯이, 투자에서도 주기적으로 리스크를 점검하고 대비하는 과정이 필요하다.

결국, 시장에서 살아남는 투자자는 많이 버는 사람이 아니라, 예측할 수 없는 리스크에 대비할 줄 아는 사람이다.

주식투자: 안정적인 포트폴리오 구성법

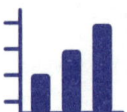

주식투자에서 안정적인 포트폴리오를 구성하는 것은 리스크 관리의 핵심이다. 필자는 다양한 주식에 분산 투자하여 리스크를 줄이는 전략을 사용했다. 이를 위해 성장주, 가치주, 배당주를 조화롭게 포함하는 포트폴리오를 구성했다.

성장주는 높은 성장 가능성을 가진 주식으로, 주가 상승을 통해 높은 수익을 기대할 수 있다. 예를 들어, 필자는 IT 기술 회사와 바이오테크 회사의 주식에 투자하여 큰 성장을 이루었다. 그러나 성장주는 변동성이 크기 때문에 신중한 분석과 리스크 관리가 필요하다.

가치주는 현재 저평가된 주식으로, 장기적인 관점에서 안정적인 수익을 기대할 수 있다. 필자는 경제 위기 때 저평가된 주식에 투자하여, 경제 회복 시 큰 수익을 올릴 수 있었다. 이러한 주식은 배당금을 지급하는 경우가 많아, 추가적인 수익을 기대할 수 있다.

배당주는 안정적인 배당금을 지급하는 주식으로, 꾸준한 현금흐름을 제공한다. 필자는 금융 회사와 에너지 회사의 배당주에 투자하여, 안정적인 배당 수익을 얻었다. 배당주는 특히 경제 불확실성 속에서 안정적인 수익을 제공하기 때문에 포트폴리오의 안전판 역할을 한다.

▶ 투자라는 무대에서 리스크 균형 잡기

주식투자를 처음 시작할 땐 누구나 한 종목에 '몰빵' 하고 싶은 충동을 느낀다. 필자도 예외는 아니었다. 초기에 공부 없이 투자했던 중국 펀드와 테마주에서 손실을 보며 깨달았다. 주식은 분산이 곧 방패이고, 균형이 전략이라는 사실을.

이후부터 필자는 성장주, 가치주, 배당주를 혼합한 균형 포트폴리오 전략을 본격적으로 실행했다. 단순히 종목을 여러 개 보유하는 것이 아니라, 종류와 성격이 다른 자산을 배분하는 분산 투자 방식이다. 필자는 다음과 같은 비율을 중심으로 포트폴리오를 구성했다.

그리고 이 포트폴리오를 분기별로 리밸런싱했다. 시장 상황에 따라 성장주의 비중을 줄이고, 배당주나 현금을 늘리는 식이다. 특히 코로나19 당시처럼 시장이 급변할 때는 월별 단위로 리스크 평가 및

자산 유형	평균 비중(%)	투자 목적
성장주	40%	자산의 빠른 증식(엔씨소프트 등)
가치주	30%	중장기 수익 기반 안정성 확보(삼성SDI 등)
배당주	20%	현금흐름 유지 및 하락장 방어(KT&G 등)
ETF/현금	10%	리스크 대응 및 유동성 확보

구성 조정을 하기도 했다.

주식투자는 장기적인 관점에서 접근해야 한다. 단기적인 시장 변동에 일희일비하지 않고, 장기적인 성장 가능성과 안정성을 고려하여 투자 결정을 내리는 것이 중요하다. 이러한 접근 방식은 주식시장의 변동성 속에서도 안정적인 수익을 창출하는 데 큰 도움이 되었다.

또 하나의 전략은 포트폴리오를 구성할 때, 주식 외에도 다양한 자산 클래스를 포함하여 리스크를 분산시켰다. 예를 들어 채권, 부동산, 원자재 등 다양한 자산에 투자하여 포트폴리오의 안정성을 높였다. 이를 통해 특정 자산 클래스의 변동성이 전체 투자에 미치는 영향을 최소화할 수 있었다.

주식 포트폴리오를 구성할 때는 각 주식의 비중을 신중히 조절했다. 특정 주식에 과도한 비중을 두는 것은 리스크를 증가시킬 수 있으므로, 섹터별 주식에 균형 있게 투자하여 포트폴리오의 안정성을 유지했다. 이를 위해 정기적으로 포트폴리오를 점검하고, 시장 상황에 따라 재조정하는 것이 중요하다.

주식투자를 할 때, 포트폴리오의 손실 여부만으로 그 안정성을 판단해서는 안 된다. 주식시장은 변동성이 크고, 손실이 없다고 해서 리스크가 없는 것은 아니며, 특히 경기 호황기에는 시장의 분위기에 휩쓸려 리스크가 잘 보이지 않을 수 있다. 많은 투자자가 이때 포트폴리오가 안전하다고 느끼지만, 사실 이는 잠재적 리스크가 드러나지 않았을 뿐이다.

호황기에는 많은 주식의 가격이 상승하면서 포트폴리오가 성공적으로 보일 수 있지만, 이때의 수익이 리스크 제어 덕분인지 아닌지는 알 수 없기에 현명한 투자자는 호황기에도 자신의 주식 포트폴리오가 어느 정도의 리스크를 가지고 있는지, 갑작스러운 변동에 얼마나 준비가 되어 있는지를 지속적으로 점검하게 된다.

주식 포트폴리오가 불황기를 견디려면, 호황기에도 리스크를 제어할 수 있는 전략을 마련해야 한다. 포트폴리오의 리스크가 잘 관리되어 있으면 불황이 왔을 때도 안정적으로 버틸 수 있는 반면, 리스크 관리를 소홀히 한 포트폴리오는 작은 시장 변동에도 큰 손실을 볼 수 있다. 따라서 리스크 관리는 시장이 좋을 때도 반드시 필요하다.

다양한 투자 시나리오: 10년 후를 보고 투자하라

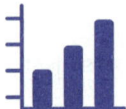

'미래는 아무도 모른다'는 말은 맞는 말이지만, 동시에 읽을 수 있는 신호는 분명히 존재한다. 필자는 개인적으로 신문과 연례 보고서, 글로벌 트렌드 리포트에서 그 단서를 많이 찾는다. 특히 다음 세 가지는 습관처럼 챙겨 읽는다.

첫째, 경제지의 '글로벌 산업 동향' 박스 기사를 꼭 챙겨 본다. 이는 일반 뉴스보다 작지만 중요한 신호가 담겨 있다. 예를 들어, "2024년 기준, 세계 전기차 배터리 점유율 중 인도 기업 비중 3%로 상승"과 같은 단신 뉴스는 미래를 위한 중요한 단서가 된다.

둘째, 연말에 발표되는 세계은행(World Bank), IMF, 글로벌 투자은행의 '국가 성장률 전망' 자료를 살핀다. 여기서 '2025년~2035년

고성장 예상 국가' 목록은 늘 스크랩해 둔다. 필자가 인도에 주목하게 된 것도 바로 이 목록 덕분이었다.

셋째, 글로벌 테크 기업의 투자 행보를 추적 파악한다. 구글, 마이크로소프트, 아마존 등의 투자 리포트는 주목할 만하다. 2010년대 중반부터 구글이 인도의 디지털 인프라에 대규모 투자를 시작했을 때, 필자는 그것이 앞으로의 길임을 직감했다.

▶ 펀드 투자: 분산 투자로 리스크 관리

펀드는 개인 투자자들이 다양한 자산에 분산 투자할 수 있는 훌륭한 방법이다. 2000년대 중반, 필자는 주식 외에도 펀드를 활용한 분산 투자에 관심을 두기 시작했다. 당시 펀드는 일반 개인이 소액으로도 글로벌 시장에 투자할 수 있는 가장 손쉬운 창구였다. 마침 그 시기, 언론과 금융계에서는 차이나 붐이라는 말이 떠오르고 있었다. 세계의 공장으로 급부상하던 중국은 GDP 성장률 10%를 넘나들며 전 세계 자본을 빨아들이는 블랙홀처럼 움직였다.

필자는 경제신문을 통해 중국의 성장을 면밀히 관찰하고 있었다. 특히 '산업구조 고도화', '대도시 기반 건설 붐', '중산층의 소비력 확대' 등 굵직한 키워드들이 줄줄이 눈에 들어왔다. 더 흥미로웠던 건, 당시 신문 박스 기사에서 자주 보도되던 외국계 자산운용사들의 중국 투자 전략이었다. 필자는 그 흐름을 읽고, 차이나 펀드에 일정 비중을 투자했다. 결과는 성공적이었다. 2~3년 만에 100%에 가까운 수익을 거두었고, 이 수익은 이후 부동산 투자에 필요한 종잣돈이 되었다.

그 후, 한동안 글로벌 금융위기를 거치며 펀드 수익률이 정체되기도 했지만, 필자는 다시 '다음의 성장 시장'을 찾기 시작했다. 그리고 눈에 들어온 것이 인도 경제였다. 인구 13억의 나라, 민주주의 기반, 젊은 노동력, 영어 사용 인구, IT 기술 성장……, 익숙하면서도 달랐다. 언론에서는 '포스트 차이나'라는 표현도 자주 등장했다.

▶ 중국 다음은 인도였다: 흐름을 읽은 자의 투자

2006년 어느 날, 퇴근길 지하철 안에서 우연히 펼쳐 든 경제신문의 한구석에 "BRICs 4개국, 세계 성장의 새로운 축이 되다"라는 기사가 실려 있었다. 중국은 익숙했지만, 인도라는 이름은 아직 생소했다. 그날 집에 돌아와 밤늦도록 인도 경제에 대해 찾아봤다. 숫자는 거짓말을 하지 않았다.

13억 인구, 매년 7% 이상 성장하는 GDP, 영어 사용 인구의 확대, 그리고 IT 산업의 급성장. 마치 1990년대 말의 중국을 보는 듯한 느낌이었다. '이 나라는 머지않아 거대한 소비 시장이 되겠구나' 직감했다.

다음 주, 자산 배분 전략을 점검하던 중, 과감하게 인도 주식형 펀드에 일정 비중을 배정했다. 주변에서는 다소 무모한 결정이라며 고개를 갸웃했지만, 필자는 오히려 그 시점이 기회라고 느꼈다. '모두가 확신할 때 사면 늦는다'는 것을 이전 투자에서 이미 체득하고 있었기 때문이다.

1년 후 인도 펀드는 60% 이상 상승했고, 필자의 계좌도 크게 웃고 있었다. 특히 Tata Motors, Infosys, ICICI Bank와 같은 현지 대형 기업의 실적이 폭발적으로 성장하며 펀드 수익률을 이끌었다.

물론 그 과정에서도 여러 번 조정과 의심이 있었다. 한때 환율 변동으로 수익이 줄어들기도 했고, 인도 정치의 불확실성으로 불안한 상황이기도 했다. 하지만 큰 흐름을 놓치지 않는 것이 중요하다는 믿음을 끝까지 유지했다.

결국 인도 경제의 잠재력을 믿고 꾸준히 투자한 결과, 또 한 번 큰 수익을 거둘 수 있었다. 그리고 그 경험은 지금도 필자의 투자 철학을 지탱하는 하나의 기둥이 되어 있다.

▶ 글로벌 투자 수익 리포트: 2005~2012년의 성장 이야기

- 신한BNPP운용의 '봉쥬르차이나주식1': 투자 2005~2007년 평균 수익률 +75% 내외
- 미래에셋증권의 '인디아인프라섹터증권자투자신탁1호': 투자 2009~2012년, 평균수익률 +89% 내외

연도	연간 수익률
2009년	79%
2010년	19%
2011년	−18%
2012년	9%

　필자는 당시 생활비 외의 여유자금을 모두 펀드에 넣어 다양한 펀드 상품에 분산 투자했다. 이 전략은 높은 수익률 달성에 크게 기여하였다. 펀드는 분산 투자를 통해 리스크를 줄이고, 안정적인 수익을 추구할 수 있는 좋은 방법이다.

▶ 채권/엔화 투자: 안정적인 수익과 리스크 헤지

　'수익을 내는 것도 중요하지만, 지키는 것도 중요하다.'

　필자는 투자 초기에는 주식과 부동산 위주의 고수익 자산에 집중했었다. 특히 부동산 재건축 투자나 주식의 단기 우상향 시점에서는 포트폴리오의 공격적인 편중도 어느 정도 감내할 수 있었다. 하지만 투자 경험이 쌓이고 자산 규모가 커질수록 한 가지 깨달음을 얻었다. 자산이 커지면 잃는 것을 더 두려워하게 된다. 그리고 그 시점부터 필자는 '수익률 관리'보다 '변동성 관리'에 더욱 신경을 쓰기 시작했다.

　그때 눈을 돌린 것이 바로 채권과 엔화였다.

☞ 장기 채권, 시장의 불확실성에 대비하는 방패

채권 투자 중에서도 필자가 선택한 것은 장기 미국 국채 ETF였다. 대표적으로 TLT(Treasury 20+Year ETF)와 같은 상품은 미국의 20년 이상 만기 국채를 담고 있어 금리 변동에 민감하게 반응하지만, 시장 위기 시에는 안전자산으로 수요가 몰리며 오히려 가격이 상승하는 성격이 있다.

2022년 후반, 미국의 금리가 가파르게 상승하면서 대부분의 채권 가격이 하락했을 때, 필자는 오히려 이를 기회로 보았다. 주식 수익이 일정 이상 실현된 상태에서, 그 수익 중 일부를 가격이 하락한 채권에 분할 진입하는 전략을 택한 것이다.

'시장에 공포가 있을 때 채권은 기회를 준다.' 이 말은 위기 속에서 안정적인 현금흐름을 원할 때, 채권이야말로 강력한 수단이 될 수 있다는 걸 보여 준다.

필자가 실제 투자한 미국채 ETF는 연 4.6% 이자 수익을 제공하며, 향후 금리 하락 시 채권 가격 상승까지 기대할 수 있는 구조였다. 주식이 흔들릴 때마다 이 채권이 포트폴리오를 단단하게 붙잡아 주었다.

☞ 엔화 투자, 단순한 환율이 아닌 전략적 분산

또 하나의 안전망은 엔화 투자였다.

일본은 세계에서 가장 긴 디플레이션과 저금리 시대를 겪은 나라다. 사람들은 종종 '일본은 끝났다'고 말하지만, 필자는 그렇게 보지 않았다. 오히려 그런 장기 침체 속에서 엔화는 세계적 금융위기 시

가장 강력한 기축통화 중 하나로 기능해 왔다.

- 2008년 리먼사태
- 2020년 코로나 팬데믹
- 2022년 러시아-우크라이나 전쟁

이런 위기 때마다 엔화는 강세를 보였다. 시장 참가자들은 달러와 함께 안전자산으로서의 엔화를 찾았기 때문이다.

필자는 이러한 특성에 주목해, 환율이 130엔대에 진입했을 때부터 분할 매수를 시작했다. 주식 수익이 난 시점에서 일부 자금을 현금화해, 단순히 원화로 보유하는 것이 아닌 외화(엔화)로 자산을 분산한 것이다.

당시 국내 은행에서 가입 가능한 엔화 정기예금은 연 2% 안팎의 수익률을 제공했지만, 무엇보다도 환차익을 기대할 수 있는 구조였다.

▶ '수익률의 전쟁'이 아닌 '안정성의 설계'

우리는 흔히 높은 수익률을 자랑하는 포트폴리오에 주목한다. 하지만 진짜 중요한 건, 시장이 흔들릴 때 무너지지 않는 자산 구조를 갖추는 것이다. 필자는 주식에서 성공한 수익을 무조건 다시 공격적으로 굴리기보다는, 일부는 방어선으로 채권과 외화에 안배하는 습관을 들이고 있다.

그것이 바로 '리스크는 피하는 것이 아니라, 관리하는 것'이라는 말의 의미다. 당신도 투자 여정에서 '언제 다시 시작할지 모르지만, 그때까지 자산을 안전하게 지켜 줄 방패가 있다면?'이라는 질문을 스스로에게 던져 보길 바란다. 그 방패 중 하나가 채권이고, 또 하나가 외화다. 그리고 그 둘은, 당신의 투자 여정을 오래도록 지켜 줄 중요한 '마디'가 될 것이다.

투자, 머리로 아는 것과 몸으로 배우는 것

투자의 세계에서 '아는 것'보다 중요한 것이 있다. 바로 '직접 해 보는 것'이다. 투자 지식은 책이나 강의를 통해 얼마든지 쌓을 수 있다. 하지만 실제 투자에서 맞닥뜨리는 감정과 시장의 변동성을 경험하지 않으면 머릿속 지식은 무용지물이 되기 쉽다.

요즘은 정보가 넘쳐 나는 시대다. 투자 방법을 몰라서 실패하는 경우는 많지 않다. 하지만 아는 것과 행동하는 것은 전혀 다른 문제다. 예를 들어 주식이 하락하면 더 사야 한다는 원칙을 알고 있지만, 막상 시장이 폭락하면 두려움에 매도 버튼을 누르게 된다. 머리로는 '저점 매수'가 맞다는 걸 이해하지만, 감정이 이를 받아들이지 못한다.

▶ 투자는 이론이 아니라 경험이다

많은 사람이 투자에서 성공하려면 공부를 많이 해야 한다고 생각한다. 물론 공부는 필요하다. 하지만 그것만으로는 부족하다. 한 유명 요리사가 "요리는 레시피를 아는 것이 아니라 손이 기억하는 것"이라고 말한 적이 있다. 요리책을 백 번 읽어도 직접 해 보지 않으면 결코 제대로 된 요리를 만들 수 없다. 투자도 마찬가지다. 책을 통해 좋은 투자의 기준을 배울 수는 있지만, 실제 투자에서 오는 불안과 공포, 기대감을 조절하는 것은 전혀 다른 차원의 문제다.

투자 경험이 쌓이면 자연스럽게 대응력이 생긴다. 예를 들어, 부동산 투자를 처음 시작한 사람은 매매 계약을 체결할 때 긴장하고, 대출 실행 과정에서도 불안함을 느낀다. 하지만 두 번째, 세 번째 투자를 하다 보면 이런 절차가 익숙해지고, 시장이 흔들려도 침착하게 대응할 수 있는 힘이 생긴다.

▶ 타이밍을 재는 것은 의미가 없다

많은 사람이 완벽한 시점을 기다리며 투자를 미룬다.

'부동산 가격이 조금 더 조정되면 사야겠다.'

'지금 주식시장이 너무 불안하니 좀 더 지켜보자.'

하지만 완벽한 투자 타이밍은 존재하지 않는다. 2008년 금융위기 당시에도 '아직 바닥이 아니'라며 투자를 미룬 사람이 많았다. 하지만 1~2년 후 시장이 반등했을 때, 그들은 여전히 불안하다며 기다리기만 했다.

투자에서 중요한 것은 타이밍이 아니라, 지속적으로 시장에 참여하는 것이다. 매월 일정 금액을 투자하는 분할 매수 전략을 활용하면, 타이밍을 고민하는 스트레스에서 벗어날 수 있다.

▶ 적은 금액으로라도 시작하라!

투자는 반드시 큰돈으로 해야 하는 것이 아니다. 적은 금액으로라도 경험을 쌓는 것이 중요하다. 주식이라면 소액으로 한 주라도 사보고, 부동산은 임장과 시세 분석 같은 작은 실전부터 경험해보는 것이 중요하다.

실제로 성공한 투자자의 대부분은 처음부터 대규모 투자를 하지 않았다. 소액으로 경험을 쌓으며 실전 감각을 익혔고, 이후 자신만의 투자 철학을 구축해 나갔다. 지식만으로는 결코 시장을 이길 수 없다. 결국 투자를 통해 얻은 경험과 대응력이 진짜 자산이 된다.

지금 당장, 적게라도 시작하라. 그것이 투자에서 가장 중요한 첫걸음이다.

Part 4

▶

경제적 자유,
당신만의 계획

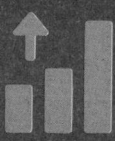

"A goal without a plan is just a wish."

"계획 없는 목표는 그저 소원일 뿐이다."

- Antoine de Saint-Exupéry(앙투안 드 생텍쥐페리)

나만의 재정 로드맵:
시작은 작지만 끝은 창대하리라

경제적 자유를 이루기 위해서는 실행이 가능한 계획이 필요하다. 처음부터 거대한 계획을 세우려고 하면 쉽게 지치기 마련이다. 하지만 작은 목표들을 하나씩 달성해 나가다 보면, 그 끝은 생각보다 멀리 도달해 있을 것이다.

단계별로 세분화된 계획을 세우면 목표를 체계적으로 달성할 수 있다.

첫째, 명확한 방향 설정이 가능해진다. 단기, 중기, 장기 목표를 통해 최종 목표와 이를 달성하기 위한 경로를 명확히 그릴 수 있다.

둘째, 효율적인 시간 관리가 가능하다. 단계마다 필요한 시간과 자원을 효율적으로 배분함으로써, 작은 목표들을 하나씩 달성하며 성취감을 느껴 지속적인 동기부여를 받을 수 있다.

셋째, 위험 관리를 할 수 있다. 각 단계에서 발생할 수 있는 문제를 예측하고 대비함으로써 리스크를 최소화할 수 있다.

넷째, 자원을 최적화할 수 있다. 필요한 자원을 적재적소에 배치하여 낭비를 줄이고 목표 달성을 효율적으로 이끌어 낼 수 있다.

다섯째, 진척 상황을 점검할 수 있다. 주기적으로 진행 상황을 검토하여 계획에서 벗어났을 때 신속히 바로잡고 필요한 조정을 할 수 있다.

마지막으로, 지속적인 동기부여를 유지할 수 있다. 작은 목표를 달성할 때마다 느끼는 성취감이 최종 목표에 도달하는 데 큰 힘이 된다.

'작은 목표를 세우고, 달성하는 습관'은 그 자체가 자산이다. 재정로드맵은 복잡할 필요도, 거창할 필요도 없다. 중요한 건 그 여정이 내가 그릴 수 있는 길이어야 한다는 점이다. 필자가 거쳐 온 모든 시행착오와 성공의 경험은 당신에게도 동일하게 적용될 수 있다. 다음 내용에서 그 필자의 경험을 사례로 이야기해 보고자 한다.

▶ 1단계. 단기 목표 설정: 지금 바로 시작할 수 있는 것들

말 그대로 지금부터 바로 시작할 수 있는 것들이다. 1년 내에 달성할 수 있는 목표를 세우고, 그 목표를 향해 작게나마 실천해 보자.

☞ 비상금 마련

비상금을 마련하는 것은 재정적 안정을 위한 첫걸음이다. 필자는 매달 일정 금액을 저축하여 비상금을 마련했다. 예기치 않은 상황에서도 재정적 안정을 유지할 수 있도록 비상금을 준비하는 것이 중요하다. 매달 50만 원을 저축해 1년 동안 600만 원의 비상금을 모았다. 이 비상금은 갑작스러운 의료비나 차량 수리비 등 예기치 못한 상황에서 큰 도움이 되었다. 비상금이 있으면 예기치 않은 상황에서도 재정적으로 안정감을 유지할 수 있다. 어느 정도의 비상금을 마련하는 것은 단기 목표 중 가장 중요한 부분으로 일상의 작은 변화로 큰 안정을 가져올 수 있었다.

비상금을 마련함으로써 심리적 안정감도 높아졌다. 이러한 준비는 불확실한 미래에 대비하는 중요한 전략이다. 이를 통해 예기치 않은 상황에서도 차분하게 문제를 해결할 수 있었고 이는 장기적인 재정 안정에도 기여했다. 그뿐만 아니라, 비상금을 쌓아 가며 느끼는 성취감은 또 다른 전략의 동기부여가 되었다.

☞ 고금리 채무 상환

고금리 대출을 우선 상환하여 이자 비용을 절감하는 것도 단기 목표 중 하나였다. 필자는 대출 상환 계획을 세우고, 매달 30만 원씩 상환하여 1년 동안 360만 원의 대출을 갚았다. 이를 통해 매달 지출되는 이자 비용을 줄이고, 재정적 자율성을 확보했다. 일례로 대출 상환 후 매달 절약된 이자 비용을 추가 저축 및 투자에 활용할 수 있었다. 이렇게 함으로써 재정 상태를 크게 개선할 수 있었다.

채무 상환은 단순히 빚을 갚는 것에 그치는 것이 아니라, 개인이 재정적 자율성을 회복하는 과정이라고 생각한다. 그리고 채무 상환은 심리적 안정감에 큰 영향을 미친다. 채무를 상환하면 재정적 부담과 불확실성이 줄어들어 스트레스와 불안이 감소하고, 전반적인 정신 건강에 긍정적인 영향을 미친다. 또한 채무를 성공적으로 갚으면 성취감과 자존감이 높아지며, 자신의 능력에 대한 신뢰가 강화된다. 채무 상환은 사회적 관계 개선에도 도움이 되는데, 재정 문제로 인한 가족이나 친구와의 갈등이 줄어들고 의사소통이 원활해지기 때문이다.

채무에서 벗어나면 삶의 다른 중요한 부분에 집중할 수 있다. 이는 전반적인 삶의 질을 향상함으로써 단순히 빚을 갚는 것을 넘어 심리적 안정감과 재정적 자율성을 회복하는 중요한 과정이다.

필자 역시 결혼 후 돈이 없는 상황에서 재건축 아파트를 구매하기 위해 큰 대출을 받았다. 초기에는 문제없을 것이라 생각했지만, 갑작스러운 경제 불황(일시적인 외벌이)으로 수입이 줄어들면서 매달 상환금이 큰 부담이 되었다. 이로 인해 스트레스가 증가하고, 와이프와의 관계도 악화되었다.

어느 날 정신을 번뜩 차리고 기존 가계부를 좀 더 세밀하게 업데이트하고, 예산을 재검토하여 불필요한 지출을 줄이는 한편, 또한, 은행 담당자에게 어려운 상황을 호소해 가며, 대출 조건을 재협상하여 상환 기간을 연장하고 이자율을 낮출 수 있었다.

그 결과 4년 후 무리한 대출을 모두 상환하는 데 성공했고, 심리적 안정감을 되찾아 와이프와의 관계도 회복되었다. 이 경험을 통해 재정 관리의 중요성을 깨닫고 미래에는 더욱 신중하게 재정 계획을 세우는 계기가 되었다.

물론 채무 상환 이후에는 불필요한 이자 비용을 절감하고, 더 나은 재정 관리를 할 수 있었다. 이러한 상황은 장기적으로 재정 상태를 개선하는 데 큰 원동력이 되었다. 채무 상환 후 매달 절약된 이자 비용을 투자에 활용하면서 자산을 증식할 수 있었다.

☞ 저축 습관 들이기

저축 습관을 들이는 것은 재정 관리를 위한 첫걸음이다. 벤자민 프랭클린은 이렇게 말했다. "부를 쌓는 길은 남들이 지출하고 있는 동안 절약하는 것이다." 필자는 가계부를 작성하며 지출을 관리하고 불필요한 소비를 줄였다. 매일 가계부를 작성하고 매달 일정한 날을 정해 한 달 동안 지출한 내역을 분석하고 절감할 수 있는 부분을 찾아냈다. 이렇게 절감해서 확보한 자금으로 저축 목표를 달성하면서 매달 저축하는 습관을 들였다.

이처럼 가계부를 통해 지출을 관리하고, 매달 저축 목표를 설정하여 이를 달성하는 것은 재정적 안정을 위한 중요한 전략이다. 어떻게 보면 이러한 습관은 일상에서 아주 사소한 변화지만, 장기적으로 보았을 때는 큰 재정적 변화를 가져왔다.

▶ 2단계. 중기 목표 전략: 자산을 증식하는 황금기

중기 목표는 1년에서 5년 사이에 달성할 수 있는 목표들이다. 주택 구입 자금 마련이나 투자 포트폴리오 구성 같은 큰 목표가 여기 해당된다. 이 시기에는 자산을 증식하는 황금기로 볼 수 있다.

☞ 주택 구입 자금 마련

주택 구입 자금을 마련하기 위해 매달 저축과 투자를 병행했다. 처음에는 과연 이렇게 해서 언제 살 수 있을까 하는 생각도 했지만 언젠가는 될 거라는 마음으로 꾸준히 모아 갔다. 2000년 중반부터 매달 70만 원씩 저축하고, 30만 원씩 주식과 펀드에 투자하여 5년 동안 6천만 원의 주택 구입 자금을 마련했다.

특히 주식과 펀드에 분산 투자를 활용하여 자산을 늘려 갔다. 필자에게 주택 구입의 주된 목적은 거주보다는 투자였다. 주택 구입을 위해 다양한 부동산을 조사하고 분석했다. 여러 아파트 물건을 조사하여 투자와 거주 두 가지 목적을 모두 만족시킬 수 있는 적절한 물건을 찾았다.

▶ 종로구 경희궁자이 재건축 투자 사례

2014년, 경희궁자이 재건축에 조합원 지분을 확보하기 위한 투자를 검토했다. 출퇴근길에 재건축 진척 상황을 확인하고, 매일 보는 가장 가까운 지인 찬스를 통해 입지 정보를 얻어 최종 추가 비용을 지불하고 조합 지분을 확보했다.

경희궁자이 재건축 사업은 서울의 중심부에 위치해 높은 가치 상승이 예상되었고 교육, 교통, 생활 편의 시설 등 다양한 면에서 뛰어난 인프라를 갖추고 있어 투자 가치가 높았다. 여유자금 모두를 투입하여 조합원 지분을 확보하고, 당시에는 약 3억 원의 시세차익을 기대했지만, 재건축이 완료된 후 실제로는 10억 원이 넘는 수익을 얻게 되었다. 이는 장기적인 재정 안정과 자산 증식을 목표로 한 투자였다.

경희궁자이 재건축 사업은 다음과 같은 이유로 매력적인 투자처라고 생각했다.

- 위치: 서울 도심에 위치하여 높은 수요와 안정적인 부동산 가치를 유지할 수 있다. (4대문 유일의 대단지)
- 인프라: 교육, 교통, 편의 시설 등 생활에 필요한 모든 요소를 갖춘 환경이다.
- 미래 가치: 재건축을 통해 단지의 가치는 더욱 상승할 것으로 예상된다.
- 거주 가능성: 추후 직접 거주할 수 있는 옵션으로 생활의 질을 높일 수 있다.

【 2013년 교남동 일대(경희궁자이 재건축 부지) 】

▲ 출처: 서울생활문화자료조사(서울특별시)

【 2025년 경희궁자이 현재 모습(인왕산 배경) 】

▲ 출처: 서울연구데이터서비스(서울연구원)

또한 이웃 나라 일본 도쿄 중심부의 부동산 시장이 일본의 잃어버린 20년 동안 상대적으로 덜 하락하고, 상승은 더 가팔랐다는 점을 참고하였다.

실제로, 도쿄 중심부의 부동산 가격은 일본의 부동산 버블 붕괴 이후에도 다른 지역에 비해 상대적으로 안정적이었고, 최근 수년간 다시 상승세를 보여 왔다. 이는 도쿄 중심부의 높은 수요와 제한된 공급, 그리고 외국인 투자자들의 유입 등이 주요 요인으로 작용했기 때문이다.

경희궁자이 아파트도 서울 도심에 위치해 있어 비슷한 안정성과 상승 잠재력을 기대할 수 있을 것으로 보았고, 종로구는 역사적, 문화적 가치가 높은 지역으로, 교육, 교통, 생활 편의 시설 등 다양한 인프라가 잘 갖추어져 있어 투자 가치가 높다고 평가했다.

이번 투자를 통해 장기적인 재정 안정을 목표로 삼았다. 재건축 완료 후 높은 시세차익을 기대하며, 직접 거주할 수 있는 옵션을 고려했다. 생활의 질을 높이는 동시에 재정적 이익도 함께 누릴 수 있는 전략이었다. 투자 결정을 내리기 전 필자는 다양한 전문가의 조언을 듣고, 관련 서적과 자료를 통해 철저히 준비했다.

경희궁자이 재건축 투자 사례는 필자에게 큰 성과를 안겨 주었다. 이는 철저한 준비와 분석, 그리고 전략적인 결정을 통해 이루어진 결과였다. 필자는 이 투자를 통해 장기적인 재정 안정과 자산 증식을 이루었으며, 경제적 자유를 향한 중요한 발걸음을 내디딜 수 있는 초석을 마련했다.

▶ 3단계. 장기 목표 설정: 은퇴 후에도 돈이 일하게 만드는 법

장기적인 경제적 목표를 달성하기 위해서는 철저한 계획과 꾸준한 실행이 필요하다. 여기에는 경제적 자유 달성, 자산 증식, 은퇴후 안정된 생활 등이 포함된다. 필자는 장기 목표로 세운 경제적 자유를 이루기 위해 다양한 투자 포트폴리오를 구성하고, 자산 증식을위해 꾸준히 노력했다.

☞ 투자 계획 수립 및 실행

다양한 자산에 대한 연구를 통해 리스크를 분산하고 최적의 투자 포트폴리오를 구성했다. 필자는 매월 급여의 60% 이상을 투자 자금으로 할당하여 종잣돈을 마련하고 관련 상품을 꾸준히 매입했다. 국내 주식, 부동산, ETF 등을 대상으로 투자 전략을 세웠다. 예를 들어, 주식시장에서는 기술주와 안정적인 배당주를 혼합한 포트폴리오를 구성하고, 부동산 시장에서는 발전 가능성이 높은 지역의 소형 빌라와 오피스텔에 투자했다.

필자는 매달 일정 금액을 투자하기 위해 예산을 설정하고 자동이체를 통해 꾸준히 자산을 증식했다. 이를 통해 투자에 대한 일관성을 유지하고 장기적인 목표를 향해 나아갈 수 있었다. 또한, 다양한 투자 기회를 탐색하며 시장의 변화에 유연하게 대응했다. 예를 들어, 새로운 투자 기회가 나타날 때마다 기존 포트폴리오를 재조정하여 최적의 투자 전략을 유지했다.

☞ 지속적인 학습 및 시장 모니터링

경제 및 금융 관련 도서와 기사를 정기적으로 읽고, 투자 관련 강의와 세미나에 참석하여 최신 정보를 습득했다. 매일 아침 경제신문을 읽고, 주말에는 투자 관련 도서를 한 권씩 읽는 습관을 유지했다. 또한, 연 2회 정도 투자 세미나에 참석하여 최신 금융 트렌드와 정보를 습득하고, 이를 자신의 투자 전략에 반영했다.

20년 이상 경제신문을 읽으며 축적한 지식은 투자 결정에 큰 도움이 되었다. 경제 상황을 예측하고, 이에 맞는 투자 전략을 세우기 위해 꾸준히 학습했다. 예를 들어, 2008년 금융위기 당시 경제신문에서 얻은 정보와 분석을 통해 신속한 투자 포트폴리오 조정으로 큰 손실을 피할 수 있었다. 이는 지속적인 학습과 정보 습득의 중요성을 보여 주는 사례다.

☞ 재정 계획 및 예산 관리

월별 지출 및 수입 내역을 분석하여 불필요한 지출을 줄이고, 비상 자금을 마련하기 위한 별도 저축 계좌를 개설했다. 필자는 가계부를 통해 철저히 지출을 관리하며 불필요한 소비를 줄였다. 매달 지출 내역을 기록하고 분석하여 불필요한 지출을 줄이는 데 집중했다.

비상 자금을 마련하기 위해 매월 급여의 10% 이상을 별도의 저축 계좌에 적립했다. 이를 통해 예상치 못한 상황에서도 재정적 안정을 유지할 수 있었다. 예를 들어, 갑작스러운 의료비나 차량 수리비가 발생했을 때 비상 자금을 활용하여 문제를 해결할 수 있었다. 이러한 준비는 재정적 안정을 유지하는 데 큰 도움이 되었다.

☞ 은퇴 계획 수립 및 실행

'노후를 준비하는 가장 좋은 시기는 언제일까?'

많은 사람이 은퇴를 앞두고서야 이 질문을 던진다. 하지만 진짜 중요한 시점은 지금 이 순간이다. 아직 현역으로 일할 수 있을 때, 소득이 발생하고 있을 때, 건강과 기회가 있을 때 미리 준비해야만 후회 없는 은퇴를 맞을 수 있다.

필자 역시 은퇴라는 인생 2막을 무사히, 그리고 자유롭게 맞이하고 싶었다. 그래서 단순한 은퇴가 아니라, '경제적 자립과 선택권이 보장된 삶'을 목표로 계획을 수립했고, 지금까지 그 로드맵을 실천해 오고 있다.

☞ 은퇴 후 생활비 예상: 숫자로 현실을 직시하라

필자는 은퇴 후 생활비를 월 500만 원 이상으로 설정했다. 주변 사람들에게 이 수치를 말하면 '너무 많이 잡은 것 아니냐'는 반응도 있었지만, 실제로 가계 지출 내역을 분석해 보면 결코 과한 금액이 아니다.

의료비는 나이가 들수록 기하급수적으로 증가하고, 자녀 결혼이나 손주 돌봄 같은 예상 밖의 이벤트도 있다. 취미 생활이나 여행 같은 '은퇴 후의 여유'도 삶의 질을 결정짓는 요소다.

한국금융연구원의 조사(2023년)에 따르면, 은퇴자 평균 가구의 월

평균 소비 지출은 약 275만 원이고, 10명 중 3명은 생활비 부족을 경험한다고 한다. 이 수치는 현실적으로 낮게 잡힌 것이라 판단해, 필자는 월 500만 원×12개월×20년=12억 원이라는 목표 자금을 설정했다.

☞ 연금 상품 가입: 기초 체력부터 튼튼하게

대한민국 국민이라면 누구나 가입하게 되는 국민연금은 기본 중의 기본이다. 필자 역시 국민연금을 꾸준히 납입하고 있으며, 별도로 개인연금을 추가로 운용하고 있다. 매월 40만 원씩 납입한 결과, 65세 이후 매월 약 180만 원의 연금을 수령할 예정이다.

개인연금은 세액공제 혜택도 주어지므로 절세 수단으로도 매우 유효하다. 개인연금의 핵심은 시간과 복리다. 빨리 시작할수록 복리 효과는 커지고, 장기 운용 시 안정적인 노후 현금흐름을 만들어 준다.

☞ 부동산 투자로 만든 월세 자산: 은퇴 후 '제2의 월급'

현재 필자는 경기도 평택의 삼성전자 반도체 사업장 앞에 수익형 부동산에 투자해 월 1,000만 원 이상의 임대 수익을 얻고 있다. 이 수익은 은퇴 이후에도 지속적으로 들어올 예정이며, 고정지출을 커버하고도 일정한 여유자금을 남길 수 있다.

초기에는 부동산 관리가 부담이 될 수 있지만, 필자는 전문 건물 관리 대행업체와 계약을 맺어 안정적인 관리 체계를 구축해 두었다.

결국 '월세는 은퇴 후 최고의 현금흐름 자산'이라는 판단은 시간이 지나며 점점 더 분명해졌다.

☞ 은퇴 이후 수입 활동 계획: 소득은 끝나지 않는다

은퇴는 일의 끝이 아닌, 삶의 전환점이다. 필자는 은퇴 후에도 일정한 소득을 만들 수 있는 구조를 미리 계획했다.

- **첫째, 대부업 창업 컨설팅 강의**
  매달 1회 이상 진행 중이며, 강의료 및 자문료로 월 100만 원 수입 확보
- **둘째, 재테크 책 출간 및 연재**
  블로그, 책 출간, 온라인 코스 등을 통한 장기적 콘텐츠 수익 창출 계획
- **셋째, 후배 투자자 멘토링 및 소규모 모임 운영**
  투자 경험을 공유하며 사회적 의미와 경제적 가치를 동시에 추구

이러한 '적은 수입의 다각화' 전략은 은퇴 이후 삶의 활력과 경제적 안정을 동시에 확보하는 좋은 방법이다. 꼭 정년을 마친 후가 아니더라도, 50대 중반부터 준비할 수 있는 충분히 실현 가능한 경로다.

- 국민연금과 개인연금이라는 기초 체력
- 임대 수익이라는 현금흐름의 뼈대
- 주식 · 채권 포트폴리오라는 자산 성장 엔진

- 은퇴 후 활동이라는 생산적 여유

이 네 가지 축을 설계하고, 실행하고, 꾸준히 점검하면 당신도 가능한 계획이다.

전략과 실행 계획: 작은 실천으로 큰 변화를

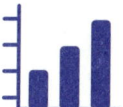

'거대한 성공은 거대한 시작에서 나오는 것이 아니라, 작은 실천에서 비롯된다.'

나의 재테크 여정은 늘 작은 실천에서 시작됐다. 처음에는 큰 계획도, 특별한 전략도 없었다. 단지, '이대로 월급만 받아서는 안 되겠구나.'라는 막연한 위기감이 전부였다. 그 위기감은 내 일상 속 작은 행동 하나하나를 바꾸기 시작했다. 그 변화의 누적이 결국 지금의 경제적 자유를 만들어 낸 것이다.

▶ 일상에서의 작은 실천이 만든 재정 혁명

가장 먼저 바꾼 것은 '외식'이었다. 회식이 잦은 직장에서 일부러 저녁 약속을 피하고, 야근 후엔 집밥을 선택했다. '한 끼쯤은 괜찮겠지.'라는 생각이 얼마나 많은 돈을 허비하게 만드는지, 오래지 않아 깨닫게 되었다.

고가의 취미도 내려놓았다. 한때 자전거에 빠져 수백만 원짜리 로드바이크를 알아봤던 적이 있다. 하지만 대신 저렴한 헬스장 이용권과 도서관에서 빌린 책으로 여가를 채우기로 했다. 주말마다 등산과 독서를 즐기며 몸과 마음을 단련하는 동안, 통장 잔고는 서서히 늘어났다.

이렇듯 소소한 절약이 만들어 낸 여유는 다시 '저축'이라는 더 큰 변화를 이끌어 냈다.

▶ 작은 목표 설정: 월별 저축 미션의 힘

나는 매달 '이번 달은 30만 원을 더 모으자'는 식의 현실적인 목표를 세웠다. 금액은 적지만 구체적인 목표는 실행력을 높여 줬다. 한 달 30만 원이면, 1년이면 360만 원이다. 작은 한 걸음이지만, 그 누적은 놀라운 힘을 발휘한다.

더 중요한 건, 목표를 달성했다는 성취감이다. 이 감정이 쌓일수록 자신감이 붙었고, 조금씩 더 큰 목표를 향해 나아갈 수 있었다. 처음에는 50만 원이었던 월 저축액이, 어느 순간 100만 원이 되고, 나중에는 월급의 60%까지 저축할 수 있는 구조가 만들어졌다.

▶ 구체적인 전략이 있는 사람이 결국 이긴다

막연한 절약은 오래가지 않는다. 나는 구체적인 전략과 구조를 만들기 시작했다.

☞ 재정 관리 도구 활용

엑셀 가계부를 만들었다. '지출 내역', '고정비', '변동비', '비상 지출' 항목을 구분하고, 매주 검토했다. 생활비가 초과되면 알람이 울리도록 설정해 긴장감을 유지했다. 이것이 나의 작은 CFO 역할이었다.

☞ 풍차 돌리기 전략

저축도 시스템이 필요하다. 필자는 예적금 풍차 돌리기 방식을 도입했다. 3개월, 6개월, 12개월 만기의 상품을 각각 설정하고, 매월 1개씩 신규 가입하여 매달 하나씩 만기되는 구조를 만들었다. 이로써 유동성을 유지하면서도 원리금 복리 효과를 극대화할 수 있었다.

한 지인은 비상금이 필요하다는 이유로 11개월 차 정기예금을 깼다가, 이자가 거의 사라지는 걸 보고 크게 후회했다. 반대로 필자는 같은 상황에서 예금담보대출을 활용했다. 1천만 원짜리 예금을 해지하지 않고, 600만 원을 대출받아 필요한 현금을 마련했다. 예금 이자 4%는 그대로 받고, 대출 이자는 4.8% 정도였기에 25만 원 이상의 차익을 남길 수 있었다. 카드 돌려막기처럼 위험한 구조가 아니라, 재정적 '이자 돌려막기'라고나 할까. 적절한 전략은 리스크 없는 수익을 만들어 냈다.

이 모든 것은 특별한 능력에서 시작된 것이 아니다. 그저 '작은 실천'을 했을 뿐이다. 외식을 한 끼 덜 하고, 가계부를 작성하고, 예금 만기를 나눠 두고, 매일 경제기사를 10분 읽은 것. 그렇게 일상이 바뀌었고, 그 일상이 자산을 바꾸고, 인생을 바꾸었다.

작은 전략이 모여 실행이 되고, 그 실행이 모여 큰 변화를 만들어 낸다. 독자에게 감히 권하고 싶다. 오늘의 작은 행동 하나가, 내일의 당신을 완전히 바꿀 수 있다고.

구체적이고 실행 가능한 전략 세우기

구체적이고 실행 가능한 전략을 세우는 것이 중요하다. 필자는 다음과 같은 전략을 사용했다.

- **재정 관리 도구 활용**

  가계부를 통해 지출을 관리하고, 예산을 세웠다. 이를 통해 재정 상태를 지속적으로 점검하고, 필요한 조치를 취할 수 있었다.

- **투자 포트폴리오 구성**

  다양한 투자 방법을 활용하여 자산을 분산시켰다. 주식, 펀드, 부동산 등 다양한 투자 방법을 통해 리스크를 관리하고, 안정적인 수익을 추구했다.

● 지속적인 학습

재테크 관련 서적을 읽고, 전문가의 조언을 구하며 지속적으로 학습했다. 이를 통해 최신 금융 트렌드를 파악하고, 효과적인 투자 전략을 수립할 수 있었다.

▶ 자산 배분과 투자 전략: 리스크 관리

누구나 수익을 좇는다. 하지만 진정한 투자자는 손실을 통제하는 데서 시작한다. 시장은 언제나 예측 불가능하고, 변동성은 투자자의 감정을 흔든다. 그런 상황 속에서도 흔들림 없이 자산을 지키고 키워 내기 위해선 반드시 리스크 관리라는 기둥이 필요하다.

필자 역시 이 기둥을 세우기까지 많은 시행착오를 겪었다. 처음에는 수익률이 높은 투자처에 자금을 집중시키는 방식이 합리적이라고 생각했다. 하지만 실전은 교과서와 달랐다. 몇 번의 손실을 경험하며, '한 바구니에 담은 달걀'이 얼마나 쉽게 깨지는지를 절실히 깨달았다. 그 이후로 나의 투자 전략의 중심에는 늘 자산 배분과 리스크 관리가 자리했다.

▶ 분산의 기술: 자산 배분이 주는 방어력

내가 첫 자산 배분 전략을 세웠을 때의 기준은 매우 단순했다.
'최악의 상황에서도 버틸 수 있는가?'
이에 따라 자산을 다음과 같이 구성했다.

☞ 주식 및 ETF 40%

성장성을 중심으로 한 국내외 주식과 섹터 ETF에 투자. 주로 기술주와 소비재 ETF를 활용했고, 특히 엔씨소프트는 저평가 시기에 분할 매수하여 3배 이상의 수익률을 기록한 경험이 있다. 분산을 위해 일부는 배당주 ETF에 배분했다.

☞ 부동산 40%

수익형 부동산 및 재건축 투자. 서울과 지방의 핵심 지역에 다가구 주택, 오피스텔, 상가 등을 포함. 임대 수익으로 매달 1,500만 원의 현금흐름을 유지하고 있다.

☞ 현금 및 예적금 20%

유동성 확보와 심리적 안정용. 풍차 돌리기 방식으로 예적금을 분산해 만기 구조를 세팅하고, 예금담보대출을 통한 유연한 자금 운용도 병행 중이다.

이와 같은 자산 배분은 수익률 향상보다도 심리적 스트레스를 줄이는 데 탁월한 효과가 있었다. 내가 가장 불안했을 때는 '모든 돈이

투자되어 있을 때'였다. 반대로, 손안에 일정 수준의 현금이 있을 때
는 시장이 급락해도 마음이 편안했다. 현금은 나의 보험이자 기회
자금이었다.

▶ 투자 전략: 구조화된 실행이 이긴다

많은 투자자가 '좋은 종목'을 찾는다. 그러나 나는 '좋은 구조'를 만
든다. 아무리 좋은 종목이라도 타이밍에 실패하면 수익은 물거품이
된다. 그렇기에 투자 시 항상 다음 세 가지 전략을 고수했다.

☞ 분할 매수 · 매도 전략

주식은 예측보다 대응이 중요한 자산이다. 엔씨소프트를 6만 원
대부터 매달 분할 매수해 평균 단가를 낮췄고, 13만 원대에 이르렀
을 때도 전량 매도하지 않고 시차를 두어 분할 매도했다. 이 전략은
시장의 단기 변동성에서 심리적 흔들림을 줄여 주었고, 결과적으로
수익률을 최대화할 수 있는 기반이 되었다.

☞ 중장기적 투자 관점 유지

투자한 자산은 적어도 2년 이상 보유를 기본 전제로 했다. 단기 뉴
스나 시장 루머에 휘둘리지 않기 위해, 기업의 펀더멘털을 분석하고
장기 전망이 확실한 자산에만 투자했다. 예를 들어, 인도 경제의 구

조적 성장에 주목해 인도 펀드를 2012년에 매입했고, 이 펀드는 5년 간 2배가 넘는 성장을 보여 주었다.

☞ 시나리오별 리밸런싱

포트폴리오는 고정된 것이 아니라 상황에 따라 조정해야 한다. 주식시장이 과열될 땐 일부 수익 실현을 통해 현금을 확보했고, 금리가 하락할 땐 부동산 쪽 자금을 늘렸다. 상황을 읽고 반응하는 것이 투자에서 살아남는 핵심이다.

리스크 관리에서 가장 과소평가되는 영역이 '현금 보유'다. 하지만 필자는 이 부분을 항상 비중 있게 다뤘다. 통상 전체 자산의 15~20%는 현금 또는 현금화 가능한 예적금으로 유지했다.

2020년 코로나19 팬데믹으로 시장이 폭락했을 때, 필자는 당황하지 않았다. 평소 유지하던 예금 중 일부를 해지하지 않고 '예금담보대출' 방식으로 유동성을 확보했고, 이 자금으로 저점에서 우량 ETF를 매수했다. 1년 후 시장이 반등했을 때, 그 투자는 포트폴리오에서 가장 큰 수익을 안겨 주었다.

▶ 리스크 관리의 진짜 의미

리스크 관리는 단순히 손실을 막기 위한 도구가 아니다. 기회를 잡을 수 있는 상태를 유지하는 기술이다. 손실을 두려워하지 않고, 손실 이후에도 다시 투자할 수 있는 심리적 자산을 지키는 것이다.

필자는 매 투자 전에 다음 질문을 반드시 스스로에게 던진다.

'이 투자에서 손실이 나더라도, 다시 일어설 수 있는가?'

이 질문에 'YES'라고 대답할 수 없다면, 그 투자를 하지 않는다. 투자에서 중요한 것은 '이기기'가 아니라 '살아남기'다. 살아남은 자만이 다음 기회를 맞이할 수 있다.

정리하면 자산 배분은 복잡한 이론이 아니다. 당신의 생활, 소비, 성향에 맞춰 돈의 구조를 세우는 일이다. 그리고 투자 전략은 시장이라는 험한 파도를 안전하게 넘기기 위한 항로 설정이다. 이 두 가지가 함께할 때, 비로소 투자는 당신에게 스트레스를 주는 대상이 아니라, 미래를 만들어 가는 동반자가 될 것이다.

당신의 자산 구조는 지금 얼마나 단단한가? 오늘부터 점검해 보라. 그리고 작은 조정부터 실행해 보라. 리스크는 두려움이 아니라, 준비의 기회일 뿐이다.

모든 것이 내 손 안에: 워크시트를 통해 직접 계획하라

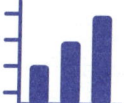

이제 당신의 경제적 자유를 위한 로드맵이 준비되었다. 하지만 이 계획을 실천에 옮기는 것이 가장 중요하다. 여기서 엑셀을 활용하여 계획을 구체적으로 작성하는 것이 좋은 방법이 될 수 있다. 워크시트를 통해 당신의 목표를 시각적으로 정리하고, 그 목표에 맞는 실행 계획을 단계별로 세워 보자.

워크시트에는 매달의 저축 목표, 투자 목표, 지출 계획 등을 구체적으로 기록할 수 있다. 이를 통해 매달의 재정 상태를 한눈에 파악하고, 계획에서 벗어나지 않도록 조정할 수 있다. 필자도 가계부와 엑셀 시트를 활용해 매달 재정 상태를 점검하고 목표를 수정해 나갔다.

【 20년, 숫자로 남긴 기록: 필자의 순자산 워크시트 】

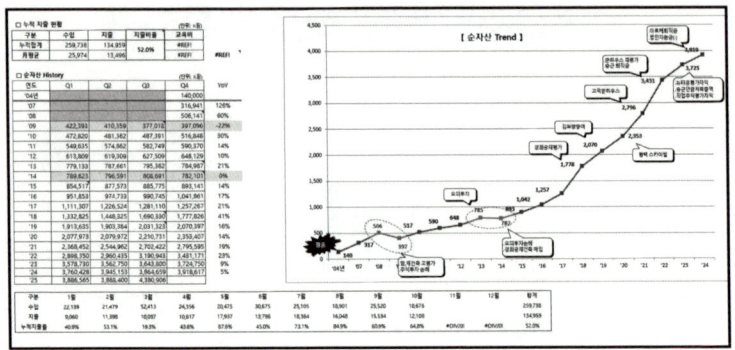

【 숫자가 말하는 재정의 흐름: 가계부 연동 그래프 】

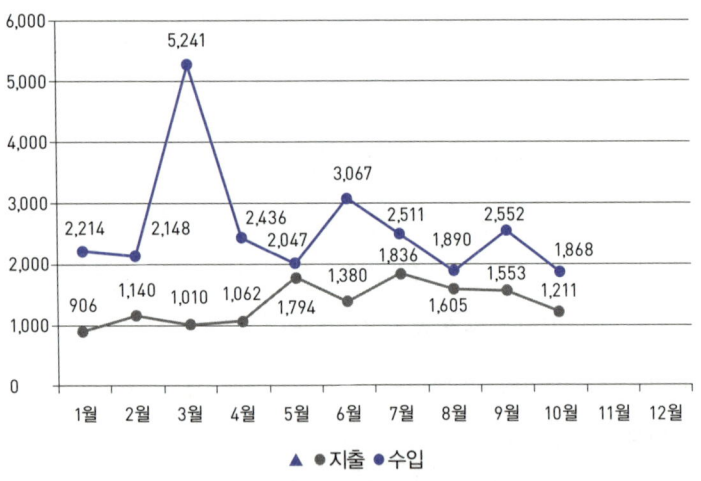

▲ ●지출 ●수입

이제 모든 것이 당신의 손안에 달려 있다. 경제적 자유를 향한 길은 멀게만 느껴질지 모르지만, 한 걸음씩 나아가는 것이 가장 중요한 법이다.

투자돋보기

투자금 규모를 결정하기 전에 꼭 알아야 할 것들

투자에서 중요한 건 투자금 크기만이 아니다. 투자금 규모를 정할 때 고려해야 할 점이 여러 가지 있다. 이런 요소들을 잘 따져 보지 않으면, 투자 결과가 예상과 크게 달라질 수 있다. 여기에 덧붙여, 많은 사람이 투자금이 부족하다고 느끼는 이유도 경험 부족에서 비롯된다.

▶ **투자금 규모를 정하기 전에 고려할 점**

☞ 자본력

자본력은 투자 전략을 결정하는 첫 번째 중요한 요소다. 자본이 많다면 리스크를 감수할 수 있는 정도가 달라진다. 예를 들어, 자산이 10억 원인 사람이 1억 원을 투자하는 것과 자산이 1억 원인 사람이 1억 원을 투자하는 것은 투자 방식이 완전히 달라진다.

- 자본이 많으면 손실을 감수하기가 수월하다.
- 자본이 적으면 큰 손실을 감당하기 어려워 신중하게 투자해야 한다.

투자할 자산의 가치와 가격은 투자금 규모에 영향을 미친다. 예를 들어, 위험이 큰 자산에 많은 돈을 투자하는 것과 안정적인 자산에 투자하는 것은 분명 다르다. 투자 대상의 가치가 상대적으로 고평가되었을 때에는 큰 자금을 투자하는 것이 위험할 수 있다.

- 가상화폐처럼 변동성이 큰 자산에 큰 자금을 투자하는 것은 위험하다.
- 안정적인 자산은 안전하지만, 가치에 대한 가격 수준이 높기에 수익성이 떨어질 수 있다.

☞ 투자 실력과 경험

마지막으로, 경험과 실력에 따라 투자금 규모가 달라져야 한다. 투자를 시작한 지 얼마 되지 않은 사람은 적은 금액으로 경험을 쌓아야 한다. 경험이 적은 사람은 큰 금액을 투자하기보다는 분할 투자를 통해 점차적으로 실력을 키워 가야 한다. 반면, 경험이 풍부한 사람은 리스크 관리에 능숙하고, 시장 변화에 대비할 수 있기 때문에 더 큰 자금을 투자할 수 있다.

▶ 투자금이 부족하다고 느끼는 이유

많은 사람이 투자금이 부족하다고 느끼는 이유는 경험 부족 때문이다. 투자 전략에 대한 경험이 부족해 적절하게 투자금을 나누지 못하는 경우가 많다.

☞ 분할 투자 전략의 중요성

예를 들어, A와 B가 동일한 회사의 주식에 투자한다고 가정하자. A는 1억 원을 한 번에 투자하고, B는 1억 원을 10번 나누어 투자한다고 하자.

A는 주식 가격이 10% 상승하면 1,000만 원의 수익을 얻지만, B는 100만 원의 수익만 얻는다. A는 자금이 모두 소진된 후, 주식이 추가 상승하기를 바라면서도 하락에 따른 리스크도 커진다. 반면, B는 여전히 추가 매수 기회를 가질 수 있어 가격이 하락할 때도 불안감이 적다. 이렇게 분할 투자를 하면, 자금을 효율적으로 배분하면서 리스크를 분산할 수 있다.

☞ 자본력에 따른 리스크 감수

투자금이 부족하다고 느끼는 사람들은 자본력과 투자 전략에 대한 경험 부족이 원인일 수 있다. 투자금을 전액 소진하면 추가 투자가 불가능해져, 하락장에 대응하기 어려워진다. 이는 멘털에도 큰 부담을 주고, 결국 투자 실패로 이어질 수 있다.

따라서 투자금이 부족하다고 느끼는 사람은 자본력을 키우기보다는 경험을 쌓는 게 우선이다. 소액으로 경험을 쌓고, 분할 투자를 하면서 점차적으로 투자 규모를 늘려 가는 게 중요하다.

Part 5

▶

전문가와 도구 활용: 성공의 비밀 무기

"If you want to go fast, go alone.
If you want to go far, go together."

"빨리 가고 싶다면 혼자 가라.
멀리 가고 싶다면 함께 가라."

- African Proverb(아프리카 속담)

전문가 네트워크:
성공을 도와줄 파트너들

재테크를 성공적으로 이끌어 내는 데는 혼자의 힘만으로 어려운 순간들이 있다. 성공적인 재테크를 위해서는 돈을 잘 굴리는 것 이상의 그 무엇이 필요하며, 이 과정에서 가장 중요한 파트너는 바로 전문가들이다. 세무사, 법무사, 투자 전문가의 조언과 도움은 마치 나침반처럼 방향을 제시해 준다. 혼돈 속에서 길을 찾게 해 주는 동시에, 불필요한 리스크를 제거해 준다. 그들이야말로 목표 달성의 촉진제 역할을 한다.

필자는 세무사, 법무사, 투자 전문가와 긴밀한 네트워크를 구축하며 재테크를 성공적으로 이끌어 왔다. 자산 관리의 복잡한 문제를 해결하고, 효율적인 전략을 마련하는 데 있어 이들 전문가의 역할은 결정적이다.

▶ 세무사는 절세의 칼날: 적게 내고 더 가지는 법

세무사는 세금 절감 전략과 재정 계획 수립에 중요한 역할을 한다. 세금은 많은 사람이 무심코 지나치는 부분이지만, 사실 재테크에서 세금을 얼마나 잘 관리하느냐가 수익을 극대화하는 열쇠다. 필자도 세무사와 협력하여 연말정산 및 세금 신고를 철저히 관리하고 합법적인 절세 방안을 찾아내곤 하는데, 세무사의 조언 덕분에 상당한 금액을 절약할 수 있다.

한 예로, 상가 주택을 건축한 상황에서 사업자 등록을 일반 과세자가 아닌 면세사업자로 등록하여 부가가치세 환급을 받을 수 없는 상황에 놓인 적이 있다. 당시 국세청 출신의 세무사의 기민한 대응 덕분에 사업자 유형을 변경하고, 여러 과정을 거쳐 3천만 원을 다시 찾아올 수 있었다. 이 경험을 통해 세무사의 전문성과 네트워크의 중요성을 절실히 깨달았다. 관련한 에피소드는 뒤에서 다시 다루도록 하겠다.

세무사의 조언과 철저한 관리 덕분에 현재도 개인 자산 및 법인 사업자의 세금 신고를 모두 원활히 처리하고 있다. 세금 문제는 사소한 한 번의 실수가 치명적일 수 있지만, 전문가와 함께라면 그 실수를 복구하고 더 나은 재정 관리를 할 수 있다.

▶ 법무사는 나만의 안전망: 법적 리스크 없이 투자하기

법무사는 부동산 투자나 사업 확장 시 가장 든든한 파트너다. 복잡한 법적 문제에 맞닥뜨릴 때 안전하게 이끌어 준다. 필자는 부동산 매입 시 계약서 검토와 법적 절차를 법무사에게 맡겨 안전하고 신속하게 거래를 마무리했다. 법무사의 도움으로 복잡한 법적 문제를 효율적으로 해결할 수 있었다. 법무사를 선택할 때는 자격이 중요하지만, 전문성보다는 정확하고 성실한 자세가 더 중요할 수 있다.

▶ 투자 전문가는 나의 나침반: 올바른 방향을 제시하는 이들

투자는 그 자체가 정교한 전략이 요구된다. 주식, 펀드, 부동산 등의 다양한 투자 방법에 대해 전문가의 조언을 받는 것은 매우 중요하다. 필자는 투자 전문가와의 상담을 통해 포트폴리오를 구성하고, 리스크를 관리하는 전략을 세웠다. 전문가의 조언은 투자 결정을 내리는 데 큰 도움이 되었다.

재테크는 더 이상 혼자서 하는 싸움이 아니다. 분야별 전문가들은 당신의 파트너로서 큰 그림을 그리는 데 필요한 훌륭한 도구를 줄 것이다. 그들의 조언을 잘 활용하면 당신도 경제적 자유를 향해 한 걸음 더 다가설 수 있다. 재테크에서 중요한 것은 전문가의 조언을 제대로 듣고, 이를 자기만의 방식으로 소화하는 것이다. 결국 재테크는 전략과 실행의 조화다. 전문가와의 협력을 통해 당신도 스스로의 자산을 통제하는 주인이 될 수 있다.

지금 당장 전문가와의 네트워크를 구축하라. 그들과 함께라면, 재테크의 길은 더 이상 복잡하고 두려운 것이 아니다. 함께할 때 더 큰 성공을 이룰 수 있다.

전문가와의
효과적인 소통 전략

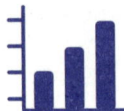

중요한 것은 어떻게 전문가들과 효과적으로 소통하느냐는 것이다. 그들과의 소통이 원활하지 않다면, 그들이 제시하는 조언 역시 당신의 상황에 제대로 맞지 않을 수 있다. 필자는 오랜 경험을 통해 전문가들과 명확하게 소통하고 효율적으로 협업하는 전략을 터득했다. 이들은 문제를 해결해 주는 사람들이 아니라, 당신의 성공을 함께 만들어 가는 파트너다. 다음은 전문가와의 효과적인 소통을 위해 사용한 전략들이다.

▶ 명확한 목표 설정: 흔들리지 않는 재정의 나침반

전문가와 상담할 때는 구체적이고 명확한 목표를 설정하여 전달하는 것이 중요하다. 당신의 목표가 명확할수록 그 목표에 맞는 최적의 솔루션을 받을 수 있다. 막연하게 '돈을 불리고 싶다'는 목표는 전문가들에게도 애매모호하게 들릴 뿐이다. 필자는 재정 목표를 구체적이고 세부적으로 설정하고, 그것을 세무사, 법무사, 투자 전문가들에게 명확하게 전달했다.

주택 구입 자금을 모으는 동안을 예를 들자면, 투자 리스크 최소화와 안정적인 현금흐름을 우선시했다. 이 목표에 현재와 향후 여유자금 현황을 세무사와 투자 전문가에게 전달한 결과, 효율적인 절세 전략과 함께 분산 투자를 통한 자산 관리 방법을 제시받을 수 있었다. 목표가 명확할 때, 그에 맞는 조언도 정확하게 전달받을 수 있다.

▶ 정기적인 소통: 전문가와 꾸준히 나아가는 파트너십

전문가와의 소통은 일회성으로 끝나서는 안 된다. 정기적으로 소통하며 재정 상황을 점검하고, 목표에 맞는 조정이 필요할 때는 긴밀한 소통을 통해 빠르게 대응해야 한다. 이로써 최신 정보를 공유하고, 변화하는 재정 상황에 맞춰 유연한 전략을 세울 수 있다.

소통은 전문가들과 미래의 변동 상황에 대한 함께 준비할 수 있다는 데 큰 의미가 있다. 시장이 변동할 때 빠르게 대응할 수 있는 준비가 되어 있는가? 그 답은 전문가들과의 대화에서 찾을 수 있을 것이다.

▶ 서면 기록: 잊히지 않는 전략의 흔적

소통에서 중요한 것은 그 내용을 기록으로 남기는 것이다. 필자는 모든 전문가 상담 후 주요 내용을 서면으로 기록하고 그 기록을 바탕으로 후속 조치를 했다. 이렇게 남겨 놓은 기록을 보면서 나중에 어떤 결정이 왜 내려졌는지 명확히 파악할 수 있었고, 계획에서 벗어나는 일이 없었다.

서면 기록은 사소한 끄적임이 아니다. 그것은 당신의 재정 전략을 시각화하고, 명확한 방향성을 유지하게 해 주는 지도와도 같다. 특히 장기적인 재정 목표를 세울 때, 지난번 상담에서 논의된 내용을 되짚어 보고, 진척 상황을 점검할 수 있다는 점에서 서면 기록은 매우 유용하다.

▶ 전문가의 지혜를 흡수하라: 책에서 배우는 투자 마인드

전문가와 직접 소통하는 것도 중요하지만, 전문가들이 남긴 지혜를 배우는 것도 필요하다. 필자는 투자 대가들의 저서를 통해 투자 철학과 마인드셋을 익혔다. 피터 린치, 프랭클린 템플턴 등 유명한 투자자들의 책에서 얻은 전략은 실질적인 조언을 받을 때 큰 도움이 되었다.

이들은 그저 투자 방법만을 설명하는 것이 아니라, 투자를 어떻게 바라봐야 하는지에 대한 사고방식을 제시한다. 필자는 이들의 지혜를 바탕으로 나만의 투자 원칙을 세우고, 리스크를 줄이는 분할 매수와 매도 전략을 실행했다. 주식시장의 변화에 흔들리지 않는 안정적인 수익을 올릴 수 있었던 것도, 이들로부터 배운 전략 덕분이었다.

전문가의 조언을 넘어서는
나만의 투자 철학

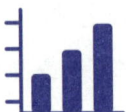

'정보는 누구나 가질 수 있다. 그러나 통찰은 오직 스스로의 경험에서 비롯된다.'

투자 초기에 필자는 무조건 전문가의 말을 따랐다. 경제신문에 나온 추천 종목, 자산운용사의 분석 리포트, 금융 유튜버의 투자 전략까지, 좋은 정보는 모조리 받아 적었다. 하지만 정작 내 계좌는 울고 있었다. 그때 나는 깨달았다.

정보는 누구나 가질 수 있지만, 행동은 결국 나만의 철학에서 나온다는 것을.

▶ 전문가의 조언은 참고일 뿐 결정은 내 몫이다

재테크에 관심을 가진 후 나름대로 많은 공부를 했다. 초기는 전문가들이 추천하는 종목을 그대로 따라 샀다. 특히 차이나 펀드 붐이 한창일 때, 주변 권유에 따라 자금을 투입했고, 실제로 짧은 기간 안에 수익을 얻었다.

하지만 그 후 인도 펀드로 옮겨 갈 때는 조금 달랐다. 그때는 아무도 인도를 주목하지 않았고, 관련 상품도 드물었다. 다만 필자는 그 나라의 인구 구조, IT 산업 기반, GDP 성장률, 미국의 공급망 재편 정책과의 연결성을 혼자서 종합적으로 고민했고, 결국 '지금은 인도를 사야 할 때'라고 판단했다. 그 결정은 매우 성공적이었다. 전문가의 추천 없이, 스스로의 시야로 판단한 투자였다. 이후 명확히 정리했다.

'전문가는 도움을 줄 수 있지만, 수익은 오롯이 내 결정에서 온다.'

▶ 나만의 기준을 만들기까지

필자의 투자 철학은 아주 단순한 세 가지 원칙에서 시작되었다.

첫째, 이해하지 못하는 자산에는 투자하지 않는다. 단지 남들이 많이 한다고 해서, '대세'라는 이유만으로 투자하는 일은 하지 않는다. 한때 비트코인이 급등했을 때도 직접 이해하지 못했기에 관망했다. 물론 수익을 놓쳤지만 후회는 없다. '모르는 자산에 투자하지 않는다'는 원칙이 있었기 때문이다.

둘째, 수익보다 생존이 우선이다. 과도한 레버리지, '묻지 마 몰빵'은 필자의 철학에 반한다. 늘 손실을 감당할 수 있는 범위 안에서만 투자한다. 예를 들어, 엔씨소프트에 투자했을 때도 전 재산을 넣지 않았다. 시세가 반토막 났을 때도 심리적으로 버틸 수 있었던 이유는 '수익은 욕심의 결과지만, 버팀은 구조의 결과'라는 철학 덕분이다.

셋째, 모든 투자는 결국 경험에서 완성된다. 책과 강의는 방향을 잡아 줄 수는 있지만, 결정을 대신하지는 못한다. 필자는 늘 실제로 적은 금액으로라도 먼저 투자해 본다. 펀드도 마찬가지다. 차이나 펀드로 처음 수익을 맛본 후, 인도 펀드로 이어졌고, 이후 미국 S&P500 ETF, 장기 채권, 리츠 상품 등으로 확장됐다. 투자는 이론이 아니라, 살아 있는 경험의 연속이다.

나만의 철학이 없던 시절에는 시장의 변동성 앞에서 흔들렸다. 누가 '지금은 팔아야 한다'고 하면 팔고, '지금은 다시 들어가야 한다'고 하면 또 들어갔다. 그러다 보니 결과는 늘 '고점 매수, 저점 매도'였다.

하지만 이제는 다르다. 시장이 흔들릴수록 스스로의 기준을 더 점검한다. 예를 들어, 2020년 팬데믹 직후 시장이 폭락했을 때도, 예금담보대출을 활용해 추가 자금을 확보했고, ETF를 분할 매수해 수익을 냈다. 주변에서는 '지금 사도 돼?'라며 두려워했지만, 그때가 기회라는 것을 알고 있었다. 나만의 철학과 기준이 있었기에 가능했다.

▶ 전문가의 조언을 넘어서야 비로소 '나의 투자'가 된다

많은 투자자가 '이 책을 읽으면 부자가 된다', '이 종목만 사면 수익이 난다'는 말에 혹한다. 하지만 분명히 말하고 싶다. 그 조언이 당신을 부자로 만들어 주지는 않는다. 다만, 당신의 철학이 만들어지는 시간을 단축시켜 줄 뿐이다.

진짜 투자는 책을 덮고 난 뒤, 당신의 손끝에서 시작된다. 그동안 흡수한 조언을 어떻게 소화하고, 어떤 방식으로 행동하느냐는 철저히 '개인화된 투자 철학'에서 나온다. 그리고 이 철학은 단 하루 만에 만들어지지 않는다. 시간, 경험, 실패, 성공, 수많은 리밸런싱과 반성 끝에 비로소 정립된다.

아직 투자 철학이 없다고 걱정하지 않아도 된다. 그것은 수십 번의 시도와 실전 속에서 조금씩 만들어지는 것이다. 필자가 조언하고 싶은 점은 단 하나다. 무조건 전문가의 말만 따르지 말고, 당신의 투자 노트를 써 보라.

어떤 종목을 샀는지, 왜 샀는지, 어떤 생각으로 판단했는지를 매번 기록하라. 그 기록이 쌓이면, 당신도 어느새 자기만의 철학을 가진 투자자가 되어 있을 것이다. 결국 부를 만드는 사람과 그렇지 못한 사람의 차이는 정보량이 아니라 실행력과 철학의 유무다.

스마트 자산 관리 도구: 내 손안의 재무 비서

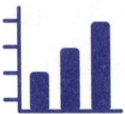

오늘날 재테크에서 스마트 자산 관리 도구는 마치 나만의 비서와 같다. 이 도구들을 잘 활용하면, 전문가와의 소통에서 얻은 전략을 더욱더 구체적이고 체계적으로 실현할 수 있다. 필자는 여러 앱과 도구를 활용하여 재정을 효율적으로 관리해 왔다. 이 도구들은 각기 다른 기능이 있지만, 모두 재정 상태를 쉽게 파악하고 투자 결정을 내리는 데 중요한 역할을 해 주었다.

▶ 부동산 시세 파악용 앱: 당신의 투자 레이더

부동산 투자를 할 때 가장 중요한 것은 시장의 흐름을 파악하는 것이다. 다행히도 오늘날에는 다양한 부동산 시세 파악용 앱들이 있어, 우리는 그 정보를 손쉽게 얻을 수 있다. 이 앱들은 정보를 제공하는 것에 그치지 않고, 당신의 투자 결정을 도와줄 분석 도구 역할을 한다.

☞ KB부동산

【 KB부동산 앱 화면 】

실시간 시세 정보와 함께 다양한 지역의 시세를 포괄적으로 분석할 수 있고, 광범위한 데이터베이스와 사용자 친화적인 인터페이스를 제공하여 지역별 시세 변동을 직관적으로 이해할 수 있다. 특히

나 각 금융사 담보대출 심사 시 탁감[12]의 기준이 KB부동산 시세이므로 반드시 활용해야 할 앱이다. 관심 있는 지역의 시세를 매주 정기적으로 모니터링하여 투자 시기를 전략적으로 결정하자.

☞ 밸류맵

【 밸류맵 앱 화면 】

상세한 시세 변동 그래프와 과거 시세 정보를 조회할 수 있는 기능을 제공한다. 과거 데이터와 시세 추세를 시각적으로 분석할 수

---

12 탁상감정의 줄임말로, 부동산·채권 등 자산의 가치를 낮춰 평가하는 개념이다. 시장 상황이나 자산 상태 변화를 반영해 금액을 조정한다. 주로 경매 유찰, 채권 회수, 자산 평가 시 활용되며, 원금 보존과 현실적 가치 반영의 균형을 고려한다.

있어 장기적인 시세 예측에 강점을 가지고 있다. 특히나 지도로 해당 지역의 경매/공매, 급매 물건을 표시해 주기 때문에 관심 지역의 매물 현황을 가장 쉽게 검색해 볼 수 있다. 추가로 과거 시세 및 매매 변동 데이터도 검색이 가능하기에 지역별 가격 이력 파악에서 해당 앱은 독보적이라고 할 수 있다.

☞ 호갱노노

【 호갱노노 앱 화면 】

사용자들이 직접 등록한 리뷰와 시세 정보를 제공하며, 실제 거래 가격과 비교할 수 있다. 호갱노노는 거주자들의 실제 경험을 반영한 리뷰를 통해 지역의 주거 환경을 파악할 수 있다는 점에서 차별화된

다. 주택 구매를 고려할 때 지역의 생활 환경과 거래 가격을 사용자의 리뷰를 통해 실제 거주자의 관점을 반영한 정보 제공이 유용하다. 개인적으로는 사용자 편의 UI 구성이 탁월한 앱이라 자주 이용한다.

☞ 아파트실거래가

【 아파트실거래가 앱 화면 】

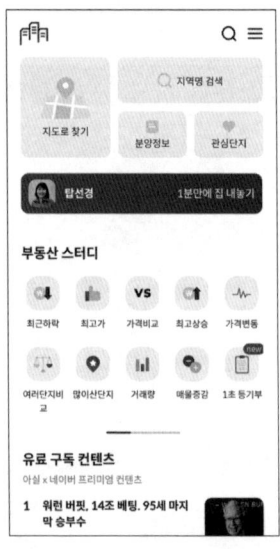

실제 거래된 아파트의 가격 정보를 실시간으로 제공하며, 거래 이력과 시세 변동을 자세히 확인할 수 있다. 이 앱은 실거래가를 직접 조회하여 시장의 실질적인 거래 가격을 분석할 수 있다. 특정 지역의 아파트 실거래가를 검색하고 비교하여, 현재 시세와 실제 거래 가격 간의 차이를 파악하여 보다 신뢰할 수 있는 매수 및 매도 타이밍을 결정할 수 있다.

위에서 살펴본 호갱노노와의 차별점을 짚자면, '아파트실거래가'는 실제 거래된 가격 정보를 중점적으로 제공하며, 거래 이력과 시세 변동을 통해 현재 시장 가격을 직접적으로 파악하는 데 유리하다는 것이다. 반면, 호갱노노는 사용자 리뷰와 시세 정보를 함께 제공하여 주거 환경과 실거래 가격을 비교 분석할 수 있는 점에서 차별화된다.

이처럼 각 앱이 가진 고유한 강점을 전략적으로 활용하면, 시장의 흐름을 더욱 깊이 있게 파악할 수 있다. 앱은 당신의 전략을 돕는 도구다. 이 도구들을 적절히 활용하면, 재테크는 더 이상 막연한 것이 아니라 구체적인 계획이 된다. 지금 당장 당신도 이 스마트 도구들을 활용해 보자. 당신의 재정 상태를 완벽히 파악하고, 미래를 준비하는 계획을 세울 수 있을 것이다.

▶ 건물 관리와 등기 업무: 전문가 섭외 앱으로 더 빠르고 더 똑똑하게

'이 모든 일을 혼자 해결할 수 있다고? 아니, 나는 전문가를 찾는데 더 능숙하다!'

부동산을 관리하고 소유한다는 것은 마치 끝없는 파도 위를 항해하는 일과 같다. 때로는 예상치 못한 문제들이 발생하고, 그럴 때마다 필요한 것은 바로 적절한 전문가다. 하지만 여기서 중요한 것은, 어떻게 빠르고 신뢰할 수 있는 전문가를 섭외하느냐이다. 다행히도 오늘날에는 여러 유용한 앱을 통해 필요한 전문가를 즉시 섭외하고 효율적으로 업무를 처리할 수 있다. 필자도 이 앱들을 적극적으로 활용하여 신속하고 효율적으로 업무를 처리하고 있다.

☞ 숨고(Soomgo): 전문가 섭외, 클릭 한 번이면 끝

【 숨고 앱 화면 】

건물 관리부터 청소, 수리까지, 다양한 분야의 전문가를 한곳에서 섭외할 수 있는 편리함은 그 자체로 엄청난 장점이다. 숨고를 통해 필요할 때마다 전문가를 신속하게 찾고 사용자 리뷰를 참고하여 신뢰할 수 있는 파트너를 선별했다.

☞ 법무통: 법률적 문제를 한 방에 해결하는 법

【 법무통 앱 화면 】

법률 전문가이자 등기 업무를 신속/정확하게 처리해 주는 법무사를 적은 금액으로 쉽게 섭외 가능하다. 부동산 매매 시 합리적인 금액으로 계약서 검토와 법적 절차를 맡길 법무사를 섭외하고, 이를 통해 안전한 거래를 보장받는다.

▶ 무료 경매 정보 사이트

부동산 경매는 누구에게나 열려 있는 기회의 땅이다. 하지만 좋은 경매 물건을 찾는 것 자체가 하나의 큰 문제다. 필자는 무료 경매 정보 사이트를 활용하여 유망한 경매 물건을 찾아냈다. 이들 사이트는 기본적인 경매 정보를 제공할 뿐 아니라, 유용한 자료와 함께 상세한 분석을 제공한다.

☞ 대법원 경매: 국가 기관이 직접 관리하는 경매 정보

【 대법원 경매 홈페이지 】

국가 기관에서 운영하는 대법원 경매 사이트는 누구나 무료로 열람할 수 있다. 회원 가입을 하지 않아도 물건의 기본 정보를 조회할

수 있고 로그인하면 관심 물건을 등록할 수도 있다. 주로 경매 물건의 기본 사항인 경매 일정, 최저가, 감정가 등이 나와 있으나, 복잡한 UI와 특수 물건에 대해서는 충분한 정보가 없기에 불편함이 있다.

☞ 마이옥션

【 마이옥션 홈페이지 】

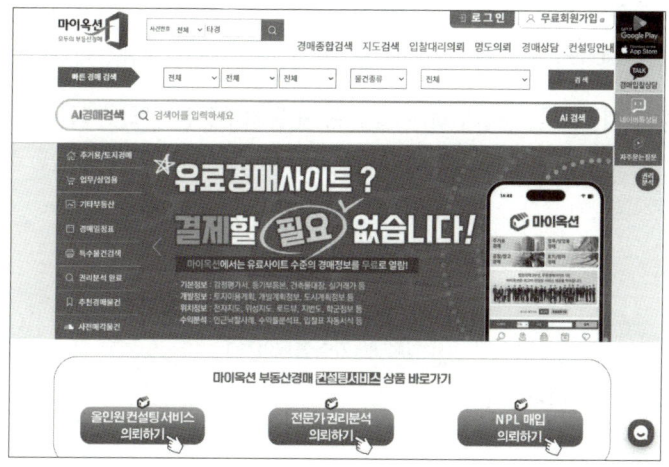

경매 물건의 상세 정보와 함께 최근 거래 동향, 입찰 결과 등 유용한 자료를 무료로 제공할 뿐만 아니라 등기부등본, 감정평가서, 건축물대장 및 토지이용계획 등도 무료로 받아 볼 수 있다. 물론 권리분석과 각종 리스크 점검을 위해서는 유료 회원 가입을 통해 도움을 받을 수 있다.

각 물건의 상세 정보와 관련 자료를 면밀히 검토한 후, 경매 일정
을 철저히 확인하여 적절한 입찰 타이밍을 맞추어 경매에 참여하자.

▶ 정부 기관 앱: 손안에서 해결하는 모든 행정 업무

복잡한 행정 업무? 그건 이제 옛날이야기다. 정부 기관에서 제공
하는 앱들만 있다면, 모든 행정 업무는 손안에서 간편하게 해결할
수 있다. 필자는 여러 정부 앱을 통해 등기부등본 발급, 세금 납부,
과태료 조회 등을 간단히 처리했다.

☞ 인터넷등기소: 소유권과 권리관계 확인은 필수

【 인터넷등기소 홈페이지 】

부동산을 매입할 때 가장 중요한 것은 소유권과 권리관계를 확인하는 일이다. 인터넷등기소는 등기부등본을 조회하고 발급받을 수 있는 공식 홈페이지이다. 이제 등기부등본을 조회하려고 발품을 팔 필요가 없다. 이 홈페이지에서 몇 번의 클릭만으로 당신이 필요한 모든 정보를 손쉽게 확인할 수 있다. 단, 등기부 설정을 위한 승인 목적은 앱에서는 기능을 지원하지 않고, PC 인터넷 사이트로 들어가서 진행해야만 한다.

☞ 국세청 홈택스(PC)/손택스(스마트폰)

【 국세청 홈택스 홈페이지 】

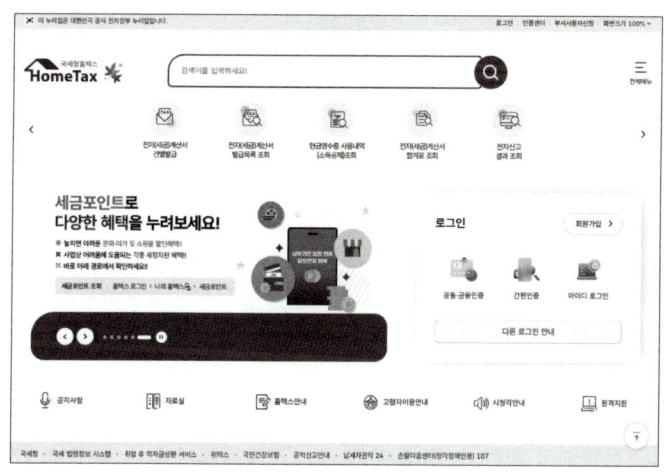

해당 홈페이지와 앱은 세금 신고와 납부가 가능하다. 사업자는 이 플랫폼을 이용해 세금계산서를 발행할 수 있으며, 세무사와 협력하

여 연말정산 및 세금 신고를 철저히 관리하는 것이 중요하다. 이를 통해 환급받을 금액을 조회하고, 세금을 납부할 수 있고, 세금 관련 서류를 전자적으로 제출할 수 있어 편리하게 세무 업무를 처리할 수 있다.

☞ 위택스(PC)/스마트위택스(스마트폰)

【 위택스 홈페이지 】

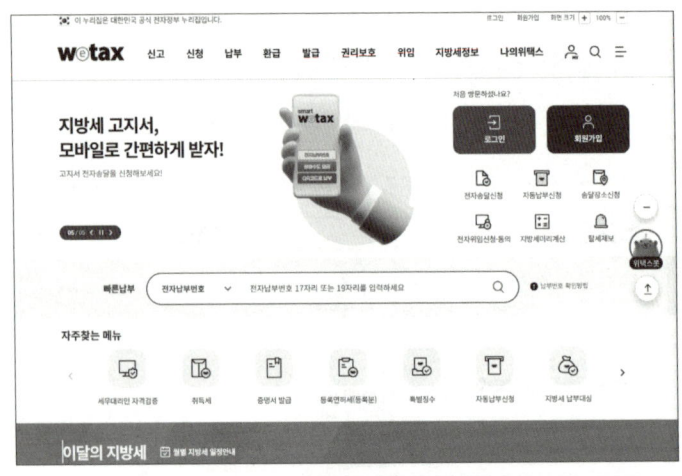

이 플랫폼에서는 지방세(예: 재산세, 자동차세 등)와 각종 과태료를 실시간으로 조회할 수 있고 추가로 근저당권이나 질권 설정을 위한 수수료도 해당 앱을 통해 처리가 가능하다. 이를 통해 세금 납부의 지연이나 미납으로 인한 불이익을 예방하고, 체계적으로 세무 관리를 할 수 있다.

☞ 정부24

【 정부24 홈페이지 】

필자가 가장 많이 사용하는 홈페이지로 온라인에서 다양한 정부 서비스를 제공하는 플랫폼이다. 사용자는 주민등록등본, 초본, 가족관계증명서 등 각종 증명서를 손쉽게 발급받을 수 있고, 지방세와 국세 납부, 과태료 조회 및 납부와 같은 세무 관련 서비스도 지원받을 수 있다.

또한, 정부 정책과 지원사업에 대한 정보 조회와 민원 신청, 공공기관의 연락처 및 서비스 절차에 대한 정보 제공 기능도 포함되어 있어, 행정 업무를 효율적으로 처리하고 필요한 정보를 신속하게 얻을 수 있다.

최근에는 주민센터 방문을 통해서만 발급이 가능하던 인감증명서도 정부24 홈페이지를 통해서도 발급받을 수 있어 편리함이 더 커졌다.

☞ 인터넷지로(PC)/모바일지로(스마트폰)

【 인터넷지로 홈페이지 】

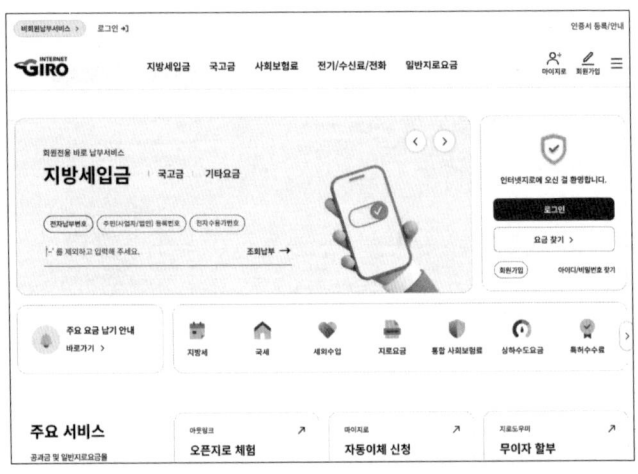

각종 요금과 공과금을 간편하게 관리할 수 있는 플랫폼이다. 장점으로는 다양한 요금과 공과금을 쉽게 조회하고 납부할 수 있다는 점이 있다. 위택스와 유사하게 지방세 조회/납입이 가능하나, 주요 기능을 통해 일반 공과금(전기 요금, 통신 요금, 일반 지로 요금)을 신속하게 확인하고 납부하여 연체를 방지할 수 있다. 필자와 같이 다가구 주택을 소유하고 있는 경우에 특히나 활용도가 높다.

재테크는 더 이상 혼자서 할 수 있는 일이 아니다. 전문가와 도구를 잘 활용하는 것이 경제적 자유를 향한 가장 확실한 길이다. 필자가 제시한 다양한 앱과 사이트들은 당신의 재정 관리와 투자 결정을 돕는 비서가 될 것이다. 지금 당장 더 똑똑하게, 더 빠르게 목표에 도달하자.

투자 돋보기
자신만의 투자 철학 세우기

재테크에서 전문가의 조언은 중요한 기초가 될 수 있지만, 성공적인 투자는 결국 자신의 철학과 마인드셋에 의해 좌우된다. 전문가들의 방법을 단순히 따라 하는 것만으로는 한계를 느끼게 된다. 중요한 것은 자신만의 투자 철학을 구축하고 그것을 꾸준히 실천하는 것이다.

▶ 자신의 투자 성향을 이해하라

투자를 하면서 가장 중요한 점은 자신의 성향을 이해하는 것이다. 투자에서 성공하는 사람은 모두 자기만의 철학을 갖고 있으며, 그 철학에 따라 일관되게 투자한다. 예를 들어 안정성을 중시하는 성향이라면 분할 매수, 분할 매도 같은 전략을 채택할 수 있다. 이런 전략은 주식시장의 변동성을 견딜 수 있게 해 주며, 장기적으로 안정적인 수익을 추구할 수 있도록 돕는다.

▶ 투자는 긴 호흡을 가져야 한다

투자의 핵심은 급하게 큰돈을 벌려는 욕심을 버리는 것이다. 단기적인 수익보다는 장기적인 자산 증식을 목표로 하는 철학이 필요하다. 투자에서 흔히 빠질 수 있는 함정은 단기적인 큰 수익을 바라는 마음이다. 하지만 이런 조급함 때문에 결국 시장의 불확실성 속에서 흔들리게 된다. 긴 호흡을 갖고 투자를 지속할 때, 시장의 변동성에도 불구하고 꾸준한 성과를 거둘 수 있다.

▶ 리스크 분산의 중요성

한 가지 자산에 의존하는 것은 매우 위험하다. 채권 ETF와 같은 리스크 분산 전략을 통해, 주식시장이 불안정할 때도 안정적인 수익을 기대할 수 있다. 주식, 채권, 기타 자산들을 조화롭게 배분하면, 시장의 움직임에 유연하게 대응할 수 있다. 결국 분산 투자는 투자의 안정성을 높여 주는 중요한 철학이 된다.

▶ 자신만의 원칙을 세우고 지키라

투자의 핵심은 일관성이다. 전문가의 조언을 듣고 배우는 것도 중요하지만, 그것만으로는 부족하다. 각자의 투자 철학과 원칙을 가지고 시장에 임해야 한다. 흔들리지 않는 투자자가 되려면 그 누구의 말에 휘둘리지 않고, 자신만의 원칙에 따라 행동할 수 있어야 한다.

▶ 투자의 성공은 나만의 철학을 실천하는 데 달려 있다

모든 투자자는 자신만의 길을 찾아야 한다. 전문가들의 전략을 참고하는 것은 좋지만, 자기만의 전략을 세우고 그것을 지속적으로 실천하는 것이 투자에서 진정한 성공을 이끄는 열쇠다. 철학을 정립하는 과정은 쉽지 않지만, 그 과정에서 얻은 경험이 투자자로서 성장하는 밑거름이 된다.

　투자는 단순히 이론에 그치지 않고, 자신의 철학을 실천하는 과정이다. 이 과정을 통해 투자자는 더 넓은 시야를 가지고, 안정적으로 투자 성과를 올릴 수 있다.

Part 6

▶

실전 투자 가이드
-전략

"The best way to predict
the future is to create it."

"미래를 예측하는 가장 좋은 방법은
직접 만들어 가는 것이다."

- Peter Drucker(피터 드러커)

공실 없는 부동산 임대, 사업으로 접근하라

　부동산 임대는 그저 공간을 제공하고 월세를 받는 것이 아니다. 임대 사업을 성공적으로 운영하기 위해서는 기획과 전략, 그리고 지속적인 관리가 전제되어야 한다. 특히 다가구 원룸이나 투룸처럼 여러 임대 물건을 운영하는 경우, 체계적인 시스템이 없으면 공실과 연체 문제로 스트레스만 쌓인다.

　많은 이가 부동산 임대에 관심을 가지지만 공실 걱정, 월세 미납, 관리 부담 등의 다양한 이유로 임대 사업을 시작조차 하지 못한다. 또, 어렵게 시작하더라도 시행착오 속에서 좌절하는 경우가 많다. 그러나 공실 문제는 운이 아니라 전략의 차이에서 비롯된다. 핵심은 부동산 임대를 하나의 사업으로 바라보고 전략을 갖추는 것이다.

필자 역시 처음에는 같은 고민을 했다. 하지만 시장을 분석하고, 임대 물건을 전략적으로 기획하며, 임차인과의 신뢰를 쌓는 과정을 거치면서 점차 공실 없는 임대 운영이 가능해졌다. 어떻게 하면 임대 물건을 더 매력적으로 만들 수 있을까? 세입자와의 관계를 어떻게 설정해야 장기적으로 안정적인 수익이 가능할까? 이 모든 고민에 대한 답을 경험을 바탕으로 풀어 보려 한다.

▶ 공실을 만들지 않는 법, 경쟁력을 갖춰라

부동산 임대에서 가장 중요한 것은 바로 공실을 최소화하는 것이다. 그리고 공실을 만들지 않기 위해서는 임차인이 계약을 망설이지 않도록, 계약을 갱신하고 싶도록, 임대 물건의 상품 가치를 높여야 한다.

☞ 차별화된 수리와 개선, 감각적인 공간 만들기

부동산 임대업에서 수익률을 결정짓는 가장 중요한 요소 중 하나는 공실이다. 세입자가 빠져나간 후, 다음 세입자가 들어오기까지의 시간이 길어질수록 손해는 누적된다. 공실은 단순히 수익의 부재가 아니라, 비용의 지속을 의미한다. 관리비, 대출 이자, 세금은 쉬지 않고 나가는데, 임대료는 들어오지 않는다. 그렇기에 필자는 언제나 공실을 만들지 않는 운영법을 최우선 전략으로 삼아 왔다.

돌이켜 보면, 임대 부동산을 운영하며 가장 먼저 깨달은 것은 이것이다.

'사람들은 누구나 매력적인 공간에 살고 싶어 한다.'

이는 그 어떤 마케팅 기법보다 본질적인 진리다. 같은 금액이라면 누구나 더 '감각적인 집', 더 '관리 잘 된 집', 더 '좋아 보이는 집'을 선택한다. 그렇다면 임대인이 할 일은 명확해진다. 자신의 물건을 경쟁 물건보다 반 발자국이라도 더 좋아 보이게 만드는 것, 그 반 발자국의 차이가 공실률을 결정짓는다.

초기에 새로 매입한 원룸이나 투룸, 오피스텔 등의 임대 물건은 대부분 최소한의 정비만 된 상태였다. 기존 세입자가 살던 흔적이 그대로 남아 있었고, 벽지는 누렇거나 낙서가 있었다. 조명은 오래된 형광등이거나, 방문 손잡이는 덜렁거렸다.

그래서 필자가 가장 먼저 했던 일은 '기본부터 정비하기'였다. 도배는 무조건 새로 했다. 벽지가 깔끔하면 공간 전체가 새로워 보인다. 페인트칠은 목문, 몰딩, 창틀 등 낡아 보이는 부분을 다시 살아나게 했다. 바닥 타일은 들떠 있거나 금이 간 부분이 있으면 과감히 교체했다.

그다음은 디테일이다.

조명은 '감성+실용성'을 기준으로 LED 조명으로 교체했고, 방문 손잡이나 수전(수도꼭지)도 모두 새 제품으로 바꿨다. 단돈 몇만 원짜리 손잡이 하나가 전체 인상을 바꾼다는 걸 현장에서 직접 체험한 뒤, 작은 부품에 예산을 아끼지 않았다. 콘센트 커버, 현관 센서 등,

싱크대 문짝 손잡이까지 하나하나 신경을 썼다. 이런 세세한 업그레이드가 '이 집은 정성이 들어갔다'는 인상을 준다.

초기에는 모든 것을 직접 시도했다. 직접 페인트를 칠하고, 타일 본드를 사서 수리도 해 봤다. 처음엔 시간이 오래 걸렸고, 몸도 고됐지만, 그 과정에서 원가 구조와 수리의 우선순위, 효율적인 인력 투입 시점을 체득했다. 이후엔 믿을 수 있는 기술자와 관계를 맺어, 수리 품질은 유지하되 운영의 효율성을 높였다.

☞ 경쟁력 있는 임대 상품, 시장보다 반 발짝 앞서 있기

임대 시장은 냉정하다. 세입자는 가성비를 따진다. 가격은 정해져 있고, 경쟁 물건은 많다. 이런 시장에서 살아남기 위해 필자는 늘 물건을 한 단계만 더 업그레이드했다.

우선 동일 권역 필자의 임대료 시세를 꼼꼼히 조사했다. 예를 들어, 인근 원룸들의 평균 임대료가 50만 원이라면, 52만 원을 받을 수 있도록 내부 상태를 개선하거나, 반대로 48만 원에 경쟁력을 확보할 수 있도록 전략을 세웠다.

특히 신규 건물이 입주하기 시작할 즈음엔 연식 차이에서 오는 비교 열위가 생기기 시작했다. 이를 극복하기 위해 관리 상태를 더욱 철저히 유지했다. 집 안은 물론이고, 공용 복도, 계단, 출입구, 외벽 등 '공간 전체의 인상'을 관리했다. 이때부터 청소 용역의 주기를 늘리고, 야간 조명 센서를 교체했으며, 간단한 쓰레기 수거 안내문도 직접 디자인해 붙였다. 세입자들은 금방 알아본다.

'여긴 집주인이 신경 쓰는 곳이구나.'

그 신뢰는 임대 유지로 이어지고, 입소문으로 새로운 세입자를 끌어들인다. 실제로 필자의 물건에서는 세입자의 소개로 새 세입자가 들어온 비율이 30%를 넘는다. 한 번도 공실 광고를 하지 않고 입주자를 연결했다.

☞ 공실률 0%의 비결은 정성에 있다

공실은 피할 수 없는 문제 같지만, 예방할 수 있는 영역이기도 하다. 필자가 배운 것은 단순하다.

'공간에 정성을 들이면, 그 정성은 반드시 사람을 끌어온다.'

단 한 명의 세입자도 내가 준비한 공간에서 실망하지 않기를 바라는 마음으로 매번 수리하고, 점검하고, 청소한다. 그렇게 만들어진 공간은 직접 팔지 않아도 '선택받는 집'이 된다. 차별화는 거창한 것이 아니다.

다른 집보다 조금만 더, 따뜻하고 편안하게.

그것이 공실률 0%를 유지하는 가장 현실적이고 지속 가능한 전략이다.

임차인을
파트너로 대하는 법

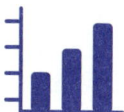

많은 임대인이 간과하는 부분이 있다. 임차인은 그저 월세를 내는 사람이 아니라, 임대 사업의 중요한 파트너라는 사실이다.

▶ 계약 과정에서 신뢰 쌓기

필자는 임대 계약을 할 때, 반드시 임차인을 직접 만나서 이야기하는 시간을 갖는다. 복비를 받은 중개인이 계약만 하고 서류만 넘기는 방식은 필자의 방식이 아니다.

한번은 이런 일이 있었다. 신축 투룸 건물의 한 세대에 20대 중반의 직장인 여성 A 씨가 입주하게 되었을 때였다. 깔끔한 차림의 그녀는 계약서 서명을 마친 뒤, 키를 받아들며 조심스럽게 물었다.

"해당 호실 현관 조명이 어둡던데요…?"

필자는 현장에서 직접 스위치를 확인하고, 계약 직후 바로 전기 기술자를 불렀다. 사소한 수리였지만, 그 자리에서 바로 조치했다. 그러고는 이렇게 말했다.

"지금 지적해 주셔서 감사합니다. 앞으로도 불편한 점이 있으면 언제든지 연락해 주세요. 제가 바로 처리하겠습니다. 대신 한 가지 부탁만 드릴게요. 월세만은 제날짜에 꼭 부탁드립니다."

그녀는 멋쩍게 웃으며 "네, 그렇게 하겠습니다."라고 대답했다.

그 후 2년 동안 A 씨는 한 번도 월세를 늦춘 적이 없었고, 계약 연장 때도 "여기 계속 살고 싶다"며 자발적으로 임대 기간을 늘려 주었다. 퇴실한 후, 다음 세입자를 소개해 준 것도 A 씨였다.

이런 경험을 통해 임차인과의 첫 만남은 단순한 계약이 아니라, 장기적인 파트너십의 시작이라는 것을 확신하게 되었다. 신뢰는 말보다 행동에서 비롯되고, 작게는 전등 하나, 스위치 하나에서부터 만들어지는 것이다.

▶ 임대 기간 중 지속적인 관리

많은 이들이 임대 사업을 '계약'으로 시작해 '월세 수취'로 끝나는 단순한 구조라고 오해한다. 하지만 나는 그렇게 생각하지 않는다.

임대는 계약서 서명이 끝이 아니라 관계의 시작이며, 계약 이후의 관리야말로 임대인의 진짜 역량이 드러나는 시점이다. 아무리 멋진 공간을 만들어 놓았더라도, 그 이후의 관리가 소홀하면 세입자는 떠난다. 임대 사업의 본질은 결국 지속 가능성에 기반한 신뢰 구축이다.

임대 운영을 하다 보면, 예상치 못한 상황이 벌어지는 것은 일상이다. 필자의 경험을 예시로 들자면, 한 세입자가 주말 밤 10시가 넘어 다급하게 전화를 걸어왔다. "화장실 변기에서 물이 안 내려가요. 곧 넘칠 것 같아요……."라는 다급한 목소리가 들려왔다.

보통의 임대인이라면 "월요일에 기사 부를게요."라고 말했을지도 모른다. 하지만 나는 주저하지 않고 24시간 설비 업체에 연락을 돌렸다. 한 시간 뒤, 기사님이 도착했고 문제는 해결되었다. 그리고 다음 날, 세입자는 이런 메시지를 보냈다.

"늦은 시간에도 도와주셔서 감사합니다. 이런 임대인은 처음이에요."

이처럼 빠른 대응은 신뢰라는 벽돌을 하나하나 쌓아 올리는 행위이다. 문제가 생겼을 때 어떻게 대처하느냐에 따라 세입자의 만족도는 극명하게 달라진다. 나는 항상 48시간 이내 수리 완료를 원칙으로 삼는다. 간단한 수리는 직접 처리하고, 일정이 맞지 않으면 미리 연락을 주고받으며 협의를 한다. 연락이 잘 되는 임대인, 말한 대로 움직이는 임대인, 이 두 가지가 입소문을 타는 가장 좋은 무기다.

또한 나는 매년 추석과 설날이 다가오면 세입자 전원에게 작은 선물을 보낸다. 떡 세트, 전통차, 혹은 간단한 생활용품 세트. 금액으로는 2~3만 원대의 소소한 선물이지만, 그 효과는 상상을 초월한다.

어느 해에는 이런 일이 있었다. 한 세입자가 명절 선물을 받은 뒤, 문자를 남겼다.

"고맙습니다. 여기 온 지 1년 반이 되었는데, 이런 배려는 처음 받아 봤어요. 부모님도 이 집에 오래 살아도 되겠다고 하시네요."

작은 정성 하나가 세입자의 '집에 대한 애착'으로 이어지고, 이는 결과적으로 장기 임대, 연체 없는 납부, 재계약으로 연결된다. 이처럼 정기적인 감사의 표현은 고객 관리의 연장선이자, 장기적인 공실률을 낮추는 심리적 방어막이 된다.

임대 사업에서 가장 중요한 것은 '지속성'이다. 단기적으로 높은 수익을 얻기보다, 장기적인 관계 유지와 공실률 관리가 훨씬 중요한 수익 모델이 된다. 세입자에게 '사람'으로서 기억되는 임대인이 되고 싶다면, 계약 이후의 시간을 어떻게 관리하는지, 당신의 태도는 어떤지를 돌아봐야 한다. 지속적인 관리와 배려는 결국 숫자로 환산되는 수익률보다 더 깊은 만족과 성과로 다가온다.

▶ 임대 사업, 체계적으로 관리하라

임대 사업은 임차인을 들인다고 끝나는 일이 아니다. 오히려 그때부터가 시작이다. 공실을 없애고 안정적인 수익을 유지하려면 감각적인 공간 기획뿐만 아니라 철저한 관리 시스템과 실행력이 필요하다. 단순히 '집을 빌려주고 월세를 받는 것'이 아니라, 계획된 운영을 통해 꾸준히 성장할 수 있도록 구조를 만드는 것이 핵심이다.

공실이 없고 월세 연체로 스트레스를 받지 않는 임대 사업을 운영하려면 장기적인 관점에서 철저한 관리 시스템을 구축해야 한다. 임대인의 관리 능력이 곧 수익을 결정하는 시대다. 세입자와의 관계, 계약 만기 일정, 유지보수 시스템, 네트워크 구축까지 모두 하나의 흐름 안에서 체계적으로 이루어져야 한다.

임대 사업에서 가장 많이 발생하는 문제는 새로운 세입자를 구하는 데 시간이 오래 걸려 공실이 발생하는 문제와 세입자가 월세를 연체하거나 임대인의 관리 부족으로 인해 불만이 쌓이는 문제 등이다.

이 문제를 해결하지 못하면 임대 수익이 들쭉날쭉해지고 결국 사업을 안정적으로 유지하기 어려워진다. 그러나 미리 계획하고 준비한다면 공실 걱정 없이 임차인과의 원만한 관계 속에서 장기적인 임대 사업을 구축하는 것이 가능하다.

▶ 계약 만기 관리, 한발 앞서 움직여라

부동산 임대 사업에서 가장 치명적인 위험은 공실이다. 세입자가 떠난 후 몇 개월간 임차인을 구하지 못하면 수익이 끊길 뿐만 아니라 관리 비용까지 발생한다. 하지만 대부분의 공실은 미리 대비하면 충분히 줄일 수 있다. 필자가 운영하는 모든 임대 물건은 계약 만료 한 달 전부터 적극적인 준비를 시작한다.

☞ 계약 만기 1개월 전, 임차인의 재계약 여부 확인

- 임차인에게 직접 연락해 재계약 의사를 묻는다.
- 재계약 의사가 있다면, 기존 조건을 유지할지 혹은 변경할지를 협의한다.
- 재계약이 어렵다면 임차인 퇴거 일정에 맞춰 즉시 다음 세입자를 구하는 절차를 시작한다.

☞ 공실 발생 시, 즉각적인 대응

세입자가 나간 후 공실이 길어지는 것을 막기 위해, 즉시 다음 단계를 진행한다.

- 부동산 중개소 및 온라인 플랫폼 활용: 임대 정보를 등록하여 새 임차인을 모집한다.
- 사진과 매물 정보 최신화: 기존 사진이 오래되었거나 변경된 부분이 있으면 새롭게 촬영해 광고 효과를 극대화한다.
- 빠른 수리 및 정리: 기존 세입자가 퇴거한 후, 최소한의 비용으로 공간을 손봐 경쟁력을 유지한다. (도배, 페인트 보수, 기본적인 청소 및 정리 작업 등)

필자는 이런 체계적인 관리 덕분에 대부분 퇴거 후 2주 이내에 새로운 임차인을 확보할 수 있었다.

▶ 네트워크 구축, 위기 대처 능력을 갖춰라

임대 사업을 하다 보면 계획에 없는 상황이 종종 벌어진다. 누수, 전기 고장, 보일러 고장 같은 문제는 예고 없이 찾아오고, 대개는 세입자가 퇴근하고 집에 돌아온 저녁 시간대에 일어난다.

한번은 새벽 1시쯤 휴대폰이 울렸다.

"죄송한데, 천장에서 물이 떨어지고 있어요."

갑작스러운 상부 세대의 누수였다. 문제는 그 시각엔 대부분의 수리업체가 전화를 받지 않는다는 점이었다. 필자는 얼른 전속으로 일하던 설비 기술자에게 전화를 걸었고, 다행히도 그는 24시간 긴급 대처가 가능했다.

현장에 바로 출동해 1차 조치를 마친 뒤, 다음 날 오전에 본격적인 수리를 진행했다. 세입자는 감사 인사를 전했고, 필자는 그날 이후 그 기술자에게 월 10만 원씩 별도로 '비상 대기 비용'을 지급하며 상시 대응 체계를 유지하기 시작했다.

이 사건은 내게 큰 교훈을 주었다.

'임대 사업은 건물을 소유하는 일이 아니라, 문제를 신속하게 해결할 수 있는 시스템을 갖추는 일이다.'

네트워크는 미리 준비해야 한다. 위기 상황에서 '믿을 수 있는 사람'이 있다는 것은, 곧 공실을 막고, 세입자와의 신뢰를 유지할 수 있는 핵심 자산이 된다. 그래서 필자는 초기에 직접 현장을 다니며 설비, 전기, 보일러, 방역, 청소 등 분야별 전문가 5인과 지속적으로 관계를 맺었다. 이들과는 단순한 고객-업체 관계가 아니라, 정기적으로 만나고 식사도 함께하며 파트너십을 다졌다.

위기 대처는 네트워크의 반사신경이다. 네트워크는 평상시엔 티가 나지 않지만, 위기 시엔 반사신경처럼 작동한다. 갑작스러운 상황에 전화 한 통으로 사람이 움직이고, 24시간 안에 문제가 해결된다면 그것은 '혼자 사업하는 임대인'이 아니라, '팀을 갖춘 운영자'의 모습이다.

임대 사업의 성공을 좌우하는 것은 결국 '사람'이다. 좋은 세입자도, 신속한 수리를 도와주는 기술자도, 지역의 분위기를 알려 주는 부동산도 모두 임대인의 든든한 네트워크가 된다.

문제가 생긴 뒤 사람을 찾는 것은 늦다. 문제가 생기기 전 사람을 찾는 것이 운영자다. 위기를 기회로 바꾸고 싶다면, 지금 당신이 임대 중이라면 수첩에 '믿을 수 있는 전문가 5인'의 번호가 적혀 있는지 확인해 보라. 그 명단이 곧 당신의 '비상 수익 방어선'이 될 것이다.

▶ 당신의 부동산 임대 사업은 당신이 그리는 그림

부동산 임대 사업은 기획과 전략이 필요한 하나의 경영 행위다. 수익형 부동산은 '수동적'이라는 오해를 받기도 하지만, 실제로는 임차인 관리, 시설 유지, 공실 대응, 비용 통제 등 복합적인 운영 능력이 요구된다.

필자는 수원, 평택, 잠실 등 여러 지역에서 다가구 주택과 상가 주택을 운영하고 있다. 다양한 입지와 조건 속에서도 공실이나 월세 연체로 인한 스트레스를 줄일 수 있었던 건, 체계적인 운영 시스템과 사람을 중심에 둔 경영 철학 덕분이었다.

많은 임대인이 임대 물건 한두 개만으로도 벅차다고 이야기하지만, 정작 그 원인을 살펴보면 대부분 비효율적인 관리 구조와 장기 전략의 부재에서 비롯된다.

반면, 일부 임대인들은 수십 채를 운영하면서도 즐겁게 일한다. 그 차이는 결국, 임대 사업을 '일'이 아닌 '작품'으로 여기는 태도에서 시작된다.

필자는 임대 사업 초기, 직접 벽지를 바르고 조명을 교체하며 현장을 이해하는 시간을 가졌다. 수리의 기본 원가 구조를 익히고, 반복되는 문제를 빠르게 해결할 수 있는 매뉴얼을 만들면서, 시스템을 갖췄다.

그리고 시간이 지나면서, 이 시스템은 외주와 위임을 통해 자동화되었고, 사업은 더욱 확장 가능해졌다. 하지만 결국 중요한 건 당신이 어떤 생각으로 임대 사업을 운영하느냐 하는 것이다.

당신이 관리하는 부동산은 단순한 자산이 아니라, 당신의 가치관과 철학이 담긴 작품이다. 그림에 정성을 담으면 감동을 주듯, 부동산도 정성이 담기면 공실이 사라지고, 세입자도 변하지 않는다.

지금 이 순간부터, 당신만의 붓을 들고 그 그림을 그려 보자. 임대사업이라는 도화지는 이미 펼쳐져 있다. 어떤 색으로, 어떤 선으로, 어떤 결을 담을지는 오직 당신에게 달려 있다.

마땅한 투자처가 없다면, 미국채 TLT/TLTW

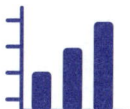

'돈이 없을 때, 국가는 어떻게 전쟁을 치렀을까?'

사실 이것이 금융상품의 시작이다.

17세기 영국, 왕실은 전쟁 자금을 마련하기 위해 런던시의 부유한 상인들에게 차입을 시작했다. 이렇게 시작된 것이 바로 국채(Government Bonds)다.

국채는 국가가 발행하는 차용증과 같다. 투자자는 정부에 돈을 빌려주고, 정부는 만기일에 원금과 이자를 돌려주는 구조였다. 그리고 이 단순한 발명은 이후 자본주의 금융 시스템의 기둥이 된다.

19세기 이후 산업혁명과 함께 채권 시장은 점점 정교해졌다. 국채뿐 아니라 철도 회사, 광산 회사, 통신 회사 등 다양한 민간 기업이 채권을 발행하기 시작했고, 투자자들은 안정성과 수익성을 비교하며 포트폴리오를 구성하게 되었다.

이후 금융상품은 개인 투자자들에게도 문을 열었고, 20세기 중반에는 미국에서 채권형 뮤추얼펀드, ETF, 인덱스 펀드 등이 등장하며 더욱 대중화되었다. 특히 TLT(iShares 20+ Year Treasury Bond ETF)[13]와 TLTW(iShares 20+ Year Treasury Bond BuyWrite Strategy ETF)[14]는 미국 국채에 장기 투자할 수 있도록 설계된 대표적 상품이다. 이 두 가지 ETF는 안정적인 수익을 추구하면서도 비교적 낮은 리스크를 제공한다. 아래에서 이 두 ETF의 투자 전략을 설명해 보고자 한다.

▶ TLT와 TLTW의 수익 구조

많은 투자자가 '둘 다 미국 국채 ETF인데, 왜 수익률이 다르지?'라는 질문을 던진다. 겉으로 보기엔 비슷해 보여도, TLT와 TLTW는 본질적인 수익 구조가 다르다. 이를 이해하기 위해, 두 ETF를 '같은 차를 타고 가지만 다른 방식으로 연료를 쓰는 차량'이라고 생각해 보면 쉽다.

---

13 만기가 20년 이상 남은 미국 국채에 투자하는 ETF로, 미국 정부가 보증하는 장기 국채에 투자하여 안정적인 수익을 추구한다.

14 TLT의 자산을 기반으로 커버드 콜 옵션 전략을 활용한 상품이다. 추가적인 수익을 얻을 수 있는 구조를 가지고 있다.

☞ TLT: 정석대로 달리는 국채 ETF

TLT는 미국 20년 이상 장기 국채에 투자하는 전통적인 ETF다. 이 ETF는 채권 가격이 오르면 수익이 나고, 채권 가격이 떨어지면 손실을 보는 구조다. 여기서 중요한 점은 채권 가격이 '금리와 반대로 움직인다'는 것이다. 금리가 떨어지면 채권 가격이 오르고, 금리가 오르면 채권 가격이 떨어진다. 즉, TLT는 금리가 하락하거나 향후 경기 침체가 예상될 때 유리한 투자 상품이다.

예를 들어, 김 투자자가 TLT에 1,000만 원을 투자했다고 하자. 투자 당시 미국의 장기 금리는 4%였으나, 6개월 후 경기 침체 우려가 커지면서 금리가 3%로 떨어졌고, 그에 따라 TLT 가격이 10% 상승했다면, 김 투자자는 수익 100만 원(=10%)을 기록하게 된다. 즉, 금리가 떨어질수록 TLT 수익률은 올라간다. 하지만 금리가 오르면 손실을 볼 수 있다.

☞ TLTW: 커버드 콜 전략을 더한 '수익+α' 버전

반면 TLTW는 TLT에 커버드 콜(Covered Call) 전략[15]을 더한 ETF다. 커버드 콜 전략이란, 보유한 ETF(=TLT)를 담보로 잡고, 정해진 가격에 팔 수 있는 권리(콜 옵션)를 미리 시장에 파는 것이다. 이때 받은 '옵션 프리미엄'이 바로 TLTW의 추가 수익 원천이다. 이 수익은 월배당으로 들어온다.

예를 들어, 박 투자자가 TLTW에 1,000만 원을 투자했다고 하자. TLTW는 그달에 콜 옵션 프리미엄으로 1.2%를 수익으로 확보하게

된다. 즉, 12만 원의 월배당을 받은 셈이다. TLT 자체의 가격이 보합세이거나 소폭 하락해도, 이 옵션 프리미엄 덕분에 총수익률이 유지되는 구조다.

하지만 한 가지 주의할 점이 있다. TLT가 급등할 경우에는, 커버드 콜 옵션이 행사되어 TLTW는 상승 수익을 제한받게 된다.

투자자의 관점에서 요약하자면, TLT는 방향성에 베팅하는 투자자에게 적합하다. 특히 경기 침체, 금리 인하를 예상할 때 유리하다. TLTW는 보수적이면서도 매달 현금흐름(배당)을 원하는 투자자에게 적합하다. 다만, 급등장에서 수익 제한이 있다는 점을 고려해야 한다. 가끔 투자자 모임에서 이렇게 말하는 분들이 있다.

"TLT는 길게 봐야 수익 나지, 지금은 금리가 안 떨어지니까 좀 불안해요."

---

15 내가 가진 주식(또는 ETF)을 담보로 잡고, 그 주식을 일정 가격에 팔 수 있는 권리를 누군가에게 미리 파는 전략이다. 즉, 내가 주식을 갖고 있으면서 콜 옵션(팔 수 있는 권리)을 다른 사람에게 파는 것이다. 커버드 콜은 '내 차를 빌려주고 렌트비 받는 것'과 비슷하다. 즉, 당신은 아주 인기 있는 전기차를 갖고 있다. 이 차는 지금은 가격이 안정되어 있지만, 갑자기 중고차 가격이 뛰면 큰 이득을 볼 수도 있다. 그런데 당신은 '차를 당장 팔 생각은 없고, 그냥 갖고 있으면서 추가 수익이 있으면 좋겠다'고 생각한다. 그래서 한 달 동안 차를 누군가에게 '팔 수 있는 권리'를 10만 원에 판매한다. 그 사람은 그 권리를 산 것이다. 단, 약속한 한 달 동안만 뒤에만 그 권리를 쓸 수 있다. 그런데 만약 한 달 뒤에도 찻값이 그대로라면? 그 사람은 권리를 행사하지 않고 포기한다. 당신은 차도 그대로 갖고 있고, 10만 원도 벌었다. 만약 한 달 뒤에 찻값이 크게 올랐다면? 그 사람은 그 권리를 행사해서 싸게 차를 가져가게 된다. 당신은 차를 넘겨야 하고 대신 10만 원만 추가로 번 셈이다. 이게 바로 커버드 콜 전략이다. [차=내가 가진 주식(TLT) / 팔 권리를 파는 것=콜 옵션 매도 / 10만 원=프리미엄(수익)]

"그럼 TLTW로 커버드 콜 배당이라도 챙기셔야죠. 현금은 왕입니다."

금리의 방향성을 맞추는 것이 어렵게 느껴질 때, TLT와 TLTW는 각각 방어적 자산과 현금흐름 자산으로 투자자에게 안정감을 줄 수 있다. 핵심은 자신의 투자 성향과 시장 상황에 맞춰 수익 구조를 이해하고 활용하는 것이다.

▶ 투자 전략: 금리 방향에 따라 움직이는 자산 배분

장기 미국 국채 ETF인 TLT와 TLTW는 금리 변화에 따라 각기 다른 매력을 가진다. 이 두 상품을 조합하면, 시장 상황에 유연하게 대응하면서 안정성과 수익성의 균형을 맞출 수 있는 포트폴리오 전략을 설계할 수 있다. 이를 표로 간단히 정리하면 다음과 같다.

투자 환경	TLT 유리함	TLTW 유리함
금리 하락기	◎	△
금리 상승기	△	◎ (프리미엄 수익으로 방어)
금리 횡보기	△	◎ (프리미엄 수익이 핵심)
금리 급변동기	△	△

☞ 금리 상승 또는 횡보 시기: TLT 30%, TLTW 70%

금리가 상승하거나 보합일 것으로 예상되는 시기에는 TLT보다 TLTW의 비중을 높게 가져가는 전략이 유리하다. TLTW는 금리가 급등하지 않는 한 매월 커버드 콜 프리미엄을 통해 지속적인 배당 수익을 창출할 수 있다. 금리가 크게 오르면 채권 가격(TLT)은 하락하지만, 커버드 콜을 통해 하락을 일부 방어할 수 있다. 예를 들어, 1억 원의 투자금이 있다면 다음과 같이 투자한다.

- 3,000만 원은 TLT
- 7,000만 원은 TLTW

이 전략은 배당 중심의 현금흐름을 중시하는 투자자에게 적합하다. 특히, 예측이 어려운 고금리 환경에서 자산의 변동성을 줄이고자 할 때 매우 유효하다.

☞ 금리 하락 시기: TLT 70%, TLTW 30%

금리가 하락할 것으로 예상되면, 장기 채권 가격은 상승한다. 이때는 자본 차익(Capital Gain)을 노릴 수 있는 TLT의 비중을 늘리는 전략이 효과적이다. TLT는 배당 수익이 거의 없지만, 금리가 빠르게 하락하면 채권 가격이 급등하기 때문에 자산가치 상승이 기대된다. 이 경우에도 1억 원 기준으로 보면 다음과 같이 투자한다.

- 7,000만 원은 TLT
- 3,000만 원은 TLTW

이 전략은 시장 전환점을 읽고 기민하게 대응할 수 있는 투자자에게 적합하다. 배당 수익은 TLTW를 통해 일부 유지하면서도, 금리 하락에 따른 자산 상승 기회를 적극적으로 잡을 수 있다.

▶ 사례로 보는 투자 전략: B 씨의 자산 배분 이야기

B 씨는 50대 초반의 직장인으로, 은퇴 후에도 월배당을 통한 현금 흐름 유지를 목표로 삼았다. 처음에는 금리가 더 오를 것으로 판단하고, 'TLT 30%+TLTW 70%' 구성으로 포트폴리오를 짰다. 이때 B 씨는 매달 평균 0.8~1.2% 수준의 배당 수익률을 안정적으로 수령할 수 있었다. 예를 들어 보자.

TLTW 7천만 원×월 1% 배당=70만 원의 월배당

위 계산식에 따르면 연 840만 원에 해당하는 현금흐름이 생긴다. 금리가 계속 횡보하면서 채권 가격(TLT)이 잠시 조정을 받을 때도, B 씨는 배당 수익을 통해 심리적으로 흔들리지 않았다.

그 후, 연준의 금리 인하 시그널이 시장에 반영되기 시작했다. B

씨는 이를 감지하고, 보유 중이던 TLTW 일부를 매도해 TLT 비중을 70%까지 높였다. 정리하자면 다음과 같다.

- 채권 가격 상승 → 자산가치 상승
- 동시에 일부 TLTW 잔존 물량으로 배당 수익 유지

이렇게 B 씨는 배당과 자본 수익의 '두 마리 토끼'를 잡는 데 성공했다.

▶ 다양한 상황에서의 적용 가능성

자산 배분 전략에는 정답이 없다. 수학처럼 명확한 공식으로 풀리는 것이 아니라, 언제나 '당신의 삶의 단계'와 '시장의 환경'이라는 변수에 따라 달라지는 전략적 선택의 문제다.

즉, 당신의 목적이 곧 전략이 된다. 그렇기에 당신이 지금 어떤 삶의 목적을 가지고 있느냐에 따라 투자 전략도 달라져야 한다. 누구는 배당 중심의 안정적인 현금흐름을 원할 수도 있고, 누구는 자본 수익을 극대화하려 할 수도 있다. 또 다른 누군가는 둘 사이의 균형을 고민할 수 있다.

☞ 안정적인 배당 수익이 필요하다면 → TLTW 중심

예를 들어, 은퇴를 앞둔 60대 투자자라면, 자산가치의 변동보다는 매달 안정적으로 입금되는 배당금이 훨씬 중요하다. 이럴 경우, 커버드 콜 전략을 활용한 TLTW는 월 단위 배당금 수익을 통해 생활비의 한 축을 안정적으로 책임져 줄 수 있다.

☞ 자본 이득을 노리는 투자자라면 → TLT 중심

반면, 30~40대의 중장기 투자자라면, 미래 금리 인하에 따른 자산가치 상승에 집중할 수 있다. TLT는 금리가 하락하면 채권 가격이 상승하는 구조이므로, 예측 가능한 자본 수익을 기대할 수 있다.

☞ 두 가지 모두를 놓치고 싶지 않다면 → 유연한 포트폴리오 조정 전략

주기적으로 금리 흐름을 점검하고 TLT와 TLTW의 비중을 조절하는 방식이 가능하다. 금리 인하 신호가 감지되면 TLT 비중을 높이고, 금리 인상 또는 보합 시기에는 TLTW 비중을 높이는 식이다.

이런 전략은 단지 '수익률을 높이기 위한 테크닉' 그 이상이다. 이는 시장을 해석하고, 리스크를 통제하며, 자신에게 맞는 수익 구조를 만들어 가는 과정이다. 그것이 진정한 자산 배분 전략의 본질이다.

▶ 불확실한 시대일수록, 이 전략은 더 빛난다

지금 우리가 살아가는 시대는 불확실성이 일상화된 경제 환경이다. 미국 연준의 기준금리 결정 한마디에 시장이 요동치고, 지정학적 리스크가 주식시장에 즉각 반영되며, 예측 불가능한 경기 침체 신호가 끊임없이 나타나고 있다. 이러한 시기일수록 TLT와 TLTW를 활용한 자산 배분 전략은 강력한 방어 수단이자 기회 포착 도구가 된다.

금리가 상승하거나 정체된 시기에는 TLTW의 배당 수익이 방어력을 제공하고, 금리가 하락하는 시기에는 TLT를 통해 자본 수익을 실현할 수 있다. 그리고 금리 방향이 명확하지 않은 횡보 구간에서도, TLTW의 커버드 콜 전략은 꾸준한 프리미엄 수익을 제공해 안정감을 준다. 즉, 시장이 어떤 방향으로 움직이든, 이 조합은 언제나 최소한 하나의 수익 창구를 작동하게 만든다.

이처럼 수익 구조가 다층적으로 설계된 포트폴리오는 특히 경제적 스트레스가 큰 시기에 진가를 발휘한다.

▶ 시장은 예측이 아니라 대응이다

많은 개인 투자자가 흔히 하는 실수는 미래를 정확히 예측하려는 것이다. 하지만 시장은 예측이 아닌 적응과 대응의 게임이다. 당신이 TLT와 TLTW를 어떻게 조합하느냐는 당신의 인생 주기와 경제 환경을 해석하는 능력, 그리고 그에 따른 행동으로 드러난다. 지금 당장 명확한 답이 보이지 않더라도, 이 두 자산을 조합하는 능력은 분명히 당신의 포트폴리오를 더욱 탄탄하게 만들 것이다.

▶ 당신만의 조합을 찾아라

TLT와 TLTW는 그 자체로도 훌륭하지만, 진짜 위력은 당신의 삶과 목적에 맞게 조합할 때 발휘된다.

- 은퇴를 준비하며 안정적 수익이 필요하다면 → TLTW 80%, TLT 20%
- 자산 성장을 추구하며 장기 투자에 초점을 맞춘다면 → TLT 70%, TLTW 30%
- 시장 방향이 애매한 경우라면 → TLT 50%, TLTW 50%

이처럼 정해진 답은 없다. 오직 당신만의 해석과 선택, 그리고 전략이 있을 뿐이다. 이제 당신이 해야 할 일은 하나다.

'내가 바라는 수익 구조는 무엇인가?'

이 질문에 진지하게 답하고, 그에 맞는 자산 배분을 시도하는 것이다. TLT와 TLTW는 그 여정의 든든한 파트너가 되어 줄 것이다.

직장인도 가능한 대부업 GPL 투자:
부동산 담보채권

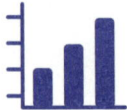

부동산 투자에 관심이 있지만, 큰 자금을 마련하기 어려운 사람들 또는 직장 생활로 바쁜 일정을 소화하느라 투자 관리를 직접 하기 힘든 사람들이라면 GPL(Good Performance Loan) 투자(부동산 담보채권 투자)[16]를 고려해 볼 만하다.

GPL은 정상적으로 상환되고 있는 부동산 담보채권을 의미한다. 쉽게 말해 채권자가 부동산을 담보로 대출해 주고, 투자자는 이자를 통해 수익을 얻는 구조다.

---

16 대부업체나 금융기관이 제공하는 대출 상품 중, 상환 이력이 좋은 대출을 선택하여 이를 투자자에게 제공하는 방식으로 사용된다. 상대적으로 리스크가 낮고, 안정적인 수익을 기대할 수 있지만, 대출 금액이나 상환 불이행 리스크 등을 꼼꼼히 따져 봐야 한다.

많은 사람이 GPL 투자를 '그냥 고금리 대부업'으로만 단순하게 보곤 한다. 하지만 본질을 정확히 말하면, GPL은 부동산 담보를 기반으로 자금을 빌려주고 이자를 받는 대부업의 한 형태이다. 다만 위험도가 자동으로 낮아지는 것은 아니다. 담보의 시세, 선순위 권리, LTV, 차주의 상환 여력, 그리고 근저당·질권 등 권리 구조를 어떻게 설정하느냐에 따라 안전성은 크게 달라진다.

최근에는 안정성과 수익성, 환금성까지 갖춘 투자 방식으로 직장인들에게 특히 매력적인 선택지로 떠오르고 있다. 본업에 집중하면서도 일정한 수익을 기대할 수 있는 구조 덕분에 여유자금을 활용하고 싶은 직장인들에게 매우 적합한 투자 방식이다.

▶ 투자의 3요소를 모두 갖춘 GPL 투자

성공적인 투자란 안정성·수익성·환금성이라는 세 가지 요소를 모두 갖추어야 한다. GPL 투자는 이 세 가지 요소를 충족하는 몇 안 되는 투자 방식 중 하나다.

당시 필자는 20년 넘게 다니던 직장을 다니고 있었고, 주말이나 퇴근 후 짬을 내어 부동산 공부도 하고 주식도 들여다봤다. 하지만 직접 임장을 다니고, 부동산 물건을 관리하거나 세입자 응대를 하는 일은 평소 생활패턴과 함께 하기 어려웠다. 그러던 중, 한 선배가 소개해 준 것이 바로 GPL 투자였다. 처음에는 생소한 이름에 의심부터 들었다.

"이거 대부업 아닌가요? 위험하지 않나요?"

하지만 설명을 듣고 나니, 필자가 원하던 조건을 거의 모두 충족하고 있었다. 안정적인 수익, 철저한 담보 설정, 그리고 무엇보다도 직접 관리할 필요가 없는 간접 투자 방식. 그게 바로 GPL의 매력이었다.

☞ 안정성: 담보 기반의 철저한 투자 보호

GPL 투자에서 가장 큰 장점은 투자금이 부동산 담보로 보호받는다는 점이다.

- 투자자는 담보물에 대해 근저당권 또는 질권을 설정할 수 있어 법적으로 보호받는다.
- 담보물은 서울 및 수도권 아파트와 같은 안정적인 부동산이므로 시장 변동에 따른 리스크가 비교적 낮다.

☞ 수익성: 연 16~18%의 높은 수익률

GPL 투자는 연 16~18%라는 높은 수익률을 기대할 수 있다.

- 이는 은행 정기예금이나 채권 투자와 비교했을 때 훨씬 높은 수익률이다.
- 직장인들이 본업을 유지하면서도 추가적인 수익을 얻는 방법이

된다.

GPL 투자 수익률은 단순히 '높다'는 점이 중요한 것이 아니다. 투자 구조상 일정한 수익이 지속적으로 발생하는 구조이기 때문에 직장인들에게 특히 적합한 방식이라는 점이 핵심이다.

☞ 환금성: 필요할 때 쉽게 현금화 가능

많은 직장인이 투자할 때 가장 걱정하는 부분은 바로 '자금을 쉽게 회수할 수 있는가?' 하는 부분이다. GPL 투자에서는 환금성이 뛰어나기 때문에 필요할 때 자금을 쉽게 유동화할 수 있다.

- 개인 간 거래가 가능하여 필요한 경우 매각을 통해 현금화할 수 있다.
- 예기치 않은 자금이 필요할 때 담보된 투자 채권을 시장에서 유동화하는 방식을 활용할 수 있다.
- 일정 기간이 지나면 원금과 함께 안정적인 이자를 정기적으로 받을 수 있어 유동성이 우수하다.

이러한 구조 덕분에 GPL 투자는 기존의 장기 부동산 투자보다 훨씬 더 높은 환금성을 제공하고 필요할 때 자금을 회수할 수 있는 장점이 있다.

▶ 첫 투자, 수도권 아파트를 담보로 한 GPL

기회는 의외로 빠르게 찾아왔다. 수도권의 한 아파트를 담보로 설정한 GPL 투자 건이었다. LTV(담보인정비율)도 보수적으로 설정되어 있었고, 담보 물건의 입지도 양호했으며, 대출자(차주)의 신용 및 상환 능력도 어느 정도 검증이 된 상황이었다. 가장 마음에 들었던 점은, 만일 차주가 약정된 기간 안에 원리금을 상환하지 못할 경우에도 이미 설정된 담보를 통해 원금 회수가 가능하도록 설계되어 있다는 점이었다.

필자는 큰 욕심을 내지 않고, 여윳돈 3천만 원을 투자했다. 매월 약정된 날짜에 꼬박꼬박 입금되는 이자 수익을 보면서 처음으로 '내 돈이 일하고 있다'는 느낌을 받았다. 예금 금리와는 비교가 되지 않는 수익률이었고, 그렇다고 해서 투기적인 느낌도 없었다. 정해진 조건 안에서, 리스크는 낮추고 수익은 확보하는 안정적인 구조였다.

6개월이 지나고, 연체 없이 원금과 이자를 모두 회수했다. 그 짧은 투자 경험은 많은 걸 남겼다. 첫째, GPL 투자는 단순히 돈을 빌려주는 것이 아니라, 철저한 담보 분석과 계약 구조 안에서 안전하게 운용할 수 있다는 점을 깨달았다. 둘째, 직장인 투자자에게 가장 필요한 것은 '시간을 들이지 않아도 되는 구조'라는 점이었다. 실제로 이 투자 이후 주식이나 부동산 매매를 잠시 멈추고, GPL 투자 위주로 포트폴리오를 재편했다.

무엇보다 중요한 것은 이 투자 방식을 통해, 필자 같은 일반 투자자도 철저한 구조 속에서 실질적인 자산 증식을 경험할 수 있다는 것이었다. 한때는 '안정성과 수익률은 양립할 수 없다'는 말에 갇혀 있었지만, GPL은 그 틀을 깨 주는 대안이었다.

▶ 직장인이 GPL 투자에 쉽게 접근할 수 있는 이유

직장인들이 투자를 망설이는 가장 큰 이유는 단연 시간 부족이다. 아침 일찍 출근해 밤늦게 퇴근하는 일상에서 부동산 매매나 주식 거래 같은 능동적 투자는 심리적으로도 육체적으로도 부담이 될 수밖에 없다. 이런 현실 속에서 등장한 것이 바로 GPL 투자다. 일종의 담보대출에 투자하는 구조로, 투자자는 실질적으로 시간과 노력을 거의 들이지 않으면서도 일정 수익을 기대할 수 있다.

☞ 자동 수익 구조: 당신이 일하는 동안에도 이자는 들어온다

GPL 투자의 가장 큰 장점은 자동화된 수익 구조다. 한번 계약이 체결되면, 투자자는 매월 정해진 날짜에 이자 수익을 받는다. 이는 마치 '정기적 현금흐름이 발생하는 예금'과 같은 구조지만, 이자율은 일반 예금보다 훨씬 높다.

예를 들어, 필자가 참여했던 한 GPL 투자에서는 월 1% 수준의 이자 수익을 제공했다. 3천만 원을 투자했을 때 매월 30만 원의 수익이 발생했고, 이는 퇴근 후 별도의 노동이나 관리 없이도 꾸준히 계좌로 들어왔다.

게다가 부동산 직접 투자처럼 임차인을 관리하거나 수리·보수를 할 필요가 없다는 점도 큰 장점이다. 즉, '시간을 투자하지 않는 투자'라는 표현이 딱 어울린다.

☞ 전문가 및 투자 플랫폼의 활용: 처음이라도 두렵지 않다

많은 초보 투자자가 '담보', '채권', '대부업'이라는 단어에 거부감을 느끼거나 복잡함을 예상한다. 하지만 실제로는 GPL 투자 전문 플랫폼이나 투자 중개사무소를 통해 매우 간단하게 절차를 진행할 수 있다.

필자 역시 처음에는 '직접 확인도 못 하는 대출에 돈을 넣어도 될까?' 하는 불안감이 있었다. 하지만 믿을 수 있는 투자 플랫폼을 통해 상담받고, 담보물 분석 자료, 차주의 상환 계획서, LTV 기준 등 리스크 관리 지표를 꼼꼼히 확인하면서 안심하고 투자할 수 있었다.

이처럼 전문가가 구조를 짜고, 투자자는 판단만 내리면 되는 구조는 바쁜 직장인에게 매우 적합하다. 부동산 공부를 오래 하지 않아도, 수익률과 담보 가치 등 기본적인 팩트만 확인하면 의사결정이 가능하다.

☞ 소액 투자 가능: 적은 자본으로도 첫걸음을 뗄 수 있다

대부분의 직장인은 '투자는 돈이 많아야 가능한 일'이라는 고정관념을 갖고 있다. 실제로 아파트 한 채를 투자하려면 억 단위의 자금

이 필요하고, 월세 수익을 기대하려면 최소 수천만 원의 보증금과 대출이 필요하다.

하지만 GPL 투자는 1,000만 원 같은 소액으로도 참여가 가능하다. 이는 투자 진입장벽을 크게 낮추는 요소로, '월급에서 일부를 떼어 투자하며 연습하는 구조'를 만들기에 적합하다. 예컨대 월 400만 원을 버는 직장인이 매달 100만 원씩 10개월간 모아 1,000만 원을 투자했다면, 매월 약 10만 원 수준의 이자를 받을 수 있다. 이 수익은 예금 금리로는 도달할 수 없는 수준이며, 그 자체로 '돈이 일하게 만드는 경험'을 체험하는 출발점이 된다.

▶ GPL 투자, 어떻게 시작할 것인가?

GPL 투자에 관심이 있다면 가장 먼저 해야 할 일은 투자 구조를 정확히 이해하는 것이다. 이제 본격적으로 아파트 후순위 대출을 활용한 GPL 투자 사례를 분석하면서 그 가능성을 확인해 보자.

다음 사례는 부산 영도구 청학삼창아파트를 담보로 진행된 GPL 투자 사례로, 대출 구조와 안전성을 분석하여 투자 관점에서 어떤 기회를 제공하는지 살펴보고자 한다.

이때 담보물과 대출 상황을 구체적으로 파악하는 것은 GPL 투자에서 가장 중요한 요소다. 부동산 담보채권의 안정성을 평가하려면 채무자의 상환 능력, 담보물 가치, 대출 구조의 리스크 요인을 종합

아파트 담보 대출 요청			
채무자	홍길동	담보제공자	(좌동)
투자금 (만)	2,500	금리	18.0%
월 이자	375,000	중도수수료	2.0%
물건지	부산광역시 영도구 청학동 48 청학삼창아파트 x층 xxx호		
전용면적	84.67㎡ (25.6평)	세대수	350세대
KB일반가	19,000	LTV 비율	62.6%
채권자		설정액	원금(잔액)
새마을금고		11,280	9,400
대환			
매매가 (만)			전세가 (만)
하위 평균		상위 평균	일반가
18,000		20,000	11,000
특이사항	[직업]	[수입]	[특이사항]
	법인사업자	연 4800만	- 어머니만 전입/거주중임 - 무상거주확인 가능

적으로 고려해야 한다. 이번 사례는 연 18%의 수익률을 제공하면서
도 비교적 안정적인 담보 구조를 갖춘 투자 건으로 보인다.

☞ 채무자 및 대출 개요: 안정적인 상환 구조

● **채무자: 홍길동(법인사업자, 연 소득 4,800만 원)**

· 법인사업자로서 비교적 안정적인 소득 구조를 갖추고 있으며, 채
무자의 어머니가 해당 아파트에 실거주하고 있어 주택의 실사용
가치가 높다. 실거주자가 있는 담보물은 공실 대비 유동성 위험이
낮고, 매각 시에도 안정적인 가격 형성이 가능하다.

● **대출 신청 내역**

· 기존 1순위 대출: 9,400만 원(새마을금고 근저당 설정)

· 추가 대출 요청: 2,500만 원

- 총대출금: 1억 1,900만 원
- 대출 금리: 연 18%(월 이자 약 37만 5천 원)
- 중도상환수수료: 2%(조기 상환 가능성 고려)

● **분석 포인트**

- 이자 부담률이 낮음

  채무자의 월 소득(약 400만 원) 대비 월 이자(37만 5천 원)가 9% 수준
  으로 무리 없는 상환 구조이다.

- 중도상환 가능성이 높음

  중도상환수수료가 낮아 채무자가 추가 자금 조달 후 빠르게 상환
  할 가능성이 크다.

- 실거주 담보로 리스크 완화

  공실이 아닌 실거주 주택이므로, 시장 변동에도 안정적인 가치를
  유지할 가능성이 크다.

☞ 담보물 분석: 안정적인 부동산 가치

  해당 담보물인 부산 영도 청학삼창아파트(9층)는 총 350세대 규모
로 시세 대비 적정한 LTV(Loan to Value Ratio)[17] 수준을 유지하고 있
는 점이 투자 안정성을 높이는 요소다.

---

17 대출 금액을 담보물의 가치로 나눈 비율을 나타내는 지표로, 주로 부동산 대출에서 사
   용된다. 예로, 1억 원의 집을 담보로 7천만 원 대출받으면 LTV는 70%이다. 국내는
   LTV 비율 규제가 있어 주택담보대출 시 60%~70% 수준이 허용된다.

- **시세 분석(KB 부동산 기준)**
  - 일반 평균가: 1억 9,000만 원
  - 매매가 하위 평균: 1억 8,000만 원
  - 전세가 일반 평균: 1억 1,000만 원
  - 전세가 하위 평균: 1억 원
- **LTV(담보인정비율) 계산**
  - 일반 평균 시세 기준: 62.63%
  - 보수적인 평가(하위 평균가 기준): 66%

LTV 70% 이하를 유지하기에 안전한 수준으로 평가되며, 대출금 회수 가능성이 높아 보인다. 또한 전세가 대비 여유 있는 매매가 비율(약 60%)이 안정적으로 형성되어 있어, 주택담보대출 대비 리스크가 낮다.

부산 지역의 부동산 시장 특성을 고려할 때, 급격한 하락보다는 안정적인 흐름이 유지될 가능성이 높다. 또한, 최근 건축비 상승과 주택 공급 감소로 인해 낙폭이 제한적일 가능성이 크다.

☞ 대출 구조와 안전성 분석

- **총대출금: 1억 1,900만 원**
  - 1순위 대출(새마을금고) → 9,400만 원
  - 2순위 대출(GPL 투자 대상) → 2,500만 원
- **담보 대비 대출 비율**

- 총대출금 / 일반 평균가(1억 9,000만 원)=62% 수준
- 일반적인 부동산 담보대출에서 70% 이하 LTV는 안정적인 대출 구조로 평가된다.

GPL 투자에서 가장 중요한 것은 '원금 회수가 가능한 구조인가'라는 점이다. 필자는 한 수도권 아파트를 담보로 한 GPL 투자에 참여했는데, 1순위 근저당이 있었지만 전체 담보 가치 대비 대출 총액이 약 62% 수준으로 안전하다고 판단했다.

단기 1년 만기의 대출 구조는 부동산 가격 하락 리스크를 줄였고, 채무자는 안정적인 자영업 소득을 갖춘 중장년층으로, 이자 부담도 소득 대비 무리가 없었다. 이런 분석을 통해 연체 가능성은 낮고, 경매 상황에서도 원금 회수 가능성이 높다는 확신이 들었다. GPL 투자는 수익보다 먼저 리스크를 따져 보는 '예측 가능한 투자'가 되어야 한다.

▶ 투자 매력도 평가: 단기 고수익 가능성

GPL 투자에서 가장 중요한 요소는 수익률 대비 리스크를 얼마나 효율적으로 통제할 수 있는가이다.

● 투자 수익성 분석

- 연 18% 금리: 단기 투자로서 비교적 높은 수익률 제공
- 조기 상환 가능성 높음: 중도상환수수료 2% → 조기 상환 시 추가 수익 기대
- 담보물 가치 대비 적정한 LTV 유지: 부동산 경기 변동에도 리스크 최소화

● **단기 투자자에게 유리한 이유**

- 일반적으로 GPL 대출은 3~6개월 내 조기 상환 가능성이 높아 단기 수익을 극대화할 수 있다.
- 투자자가 빠른 자금 회전을 원한다면, 이와 같은 LTV 60~70% 수준의 담보대출이 적절한 선택이 될 수 있다.

이 투자 건은 상환 능력이 충분한 채무자, 적절한 담보 가치, 연 18%의 높은 금리를 갖춘 점에서 단기 투자처로 매우 매력적이다. 조기 상환 시 수익이 더 늘어날 수 있어 수익성과 유동성 측면 모두에서 강점을 가진다. 특히, 담보 대비 적정한 LTV와 철저한 리스크 관리가 병행될 경우, 단기 투자자에게 안정적인 고수익을 제공하는 기회가 될 수 있다.

성공적인 GPL 투자를 위한 실전 가이드

부동산 담보채권(GPL) 투자는 무작정 높은 금리를 따라가는 것이 아니라, 담보물의 안전성과 대출 구조를 철저히 분석하는 것이 핵심이다. 성공적인 투자를 위해 다음과 같은 원칙을 기억하자.

- 담보물 검토: 위치와 시세를 정확히 파악하라
- 부동산 시장의 변동성을 감안하여 현재 시세뿐만 아니라 최근 1~2년간의 가격 변동성도 함께 고려해야 한다.
- LTV 70% 이하인지 반드시 확인하고, 매매가 대비 전세가율도 체크하여 유동성을 검토하라.
- 리스크 관리: 안전한 LTV 범위 내에서 투자하라
- LTV가 70%를 초과하면 시장 변동 시 손실 가능성이 커진다. 가능하면 60~65% 수준을 유지하는 것이 바람직하다.
- 2순위 투자 시에는 1순위 근저당의 잔액과 대출 구조를 반드시 분석하여 리스크를 평가해야 한다.
- 전문가와 상담: 경험자와 함께 투자하라
- GPL 투자는 부동산과 금융을 함께 이해해야 하는 복합적인 투자 방식이다.

- 처음 투자하는 경우, 전문가에게 자문받거나 검증된 플랫폼을 활용하여 투자하는 것이 안전하다.

이제, GPL 투자로 안정적인 자산 증식을 시작해 보자.

Part 7

▶

초보 투자자를 위한
인사이트

"The biggest risk is
not taking any risk."

"가장 큰 위험은 아무런 위험도
감수하지 않는 것이다."

- Mark Zuckerberg(마크 저커버그)

속담으로 풀어보는 투자 마인드

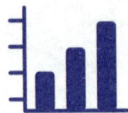

한국 속담 중에는 투자 마인드 형성에 큰 통찰을 주는 표현들이 많다. 그중에서도 '호사다마(好事多魔)'와 '새옹지마(塞翁之馬)'는 단순히 삶의 지혜를 넘어서 투자에도 깊은 함의를 전달해 준다. 좋은 일이 있을 때는 나쁜 일도 따라오고, 나쁜 일이 오히려 좋은 결과로 이어질 수 있다는 이 속담들은 불확실성과 변동성이 공존하는 투자 세계에서 반드시 되새겨야 할 태도이다.

▶ '한 방'의 성공은 실력이 아니다
착각에서 오는 위험

처음 투자에 눈을 떴던 시절, 주식시장에서 우연한 성공을 맛본 일이 있다. 어느 날 친구의 추천으로 큰 기대도 없이 소액을 넣었던 중소기업 주식이 있었는데, 며칠 뒤 회사가 새로운 특허 기술을 발표하며 관련 업계에서 주목을 받기 시작했다. 뉴스에 나오고, 투자자 커뮤니티에서 언급되더니 주가는 단기간에 두 배 이상 급등했다. 그때 필자는 스스로를 과신하게 되었고, 곧 회사에 사직서를 내고 전업투자를 고민하기까지 이르렀다.

하지만 그것은 명백한 착각이었다. 단지 운이 좋았을 뿐, 시장에 대한 분석도 없었고, 기업의 재무제표나 산업 동향에 대한 이해도 없었다. 우연히 찾아온 행운을 실력으로 오해하는 순간, 투자의 리스크는 오히려 배가된다.

이후 필자와 비슷한 방식으로 우연한 투자 수익을 거둔 후, 무리하게 레버리지를 사용하거나 비이성적인 종목에 올인하여 자산을 잃은 사람을 볼 수 있었다. 호사다마라는 말처럼, 행운은 자칫 잘못 해석하면 오히려 실패로 이어질 수 있다.

▶ 실패에서 시작된 반전
새옹지마의 교훈

반대로, 실패를 통해 얻은 교훈이 오히려 큰 수익으로 이어진 사례도 있다. 2000년대 초, 게임 산업이 급부상하던 시기에 리니지2를 출시한 엔씨소프트에 큰 기대를 걸고 투자한 적이 있다. 하지만 예상외로 리니지2의 초반 성과는 기대에 못 미쳤고 주가도 하락세를 보여, 손절할까 말까 고민하던 시점이었다.

그런데 몇 개월 후 '아이온(AION)'이라는 신작이 대흥행을 하면서 상황이 급반전되어 주가가 급등했고, 100% 이상의 수익을 실현할 수 있었다. 아이러니하게도 처음의 실패가 있었기에 '기대치를 낮춘 채' 주식을 계속 보유할 수 있었다.

이러한 경험은 새옹지마라는 속담을 떠올리게 했다. 지금의 실패가 결국 더 큰 성공을 위한 길일 수도 있고, 반대로 성공이 오히려 방심을 부를 수도 있다. 투자란 그만큼 유동적인 것이고, 감정에 휘둘리지 않는 냉정함이 필요하다.

▶ 투자, 속담처럼 지혜롭게

속담은 단순한 말이 아니다. 세대와 시대를 초월한 통찰이며, 인간의 삶과 경험이 압축된 언어이다. 투자는 바로 그 인간의 심리, 기대, 실수, 반성을 모두 포함한 활동이기에 속담의 지혜는 그 어느 분야보다 투자에 유용하다.

당신이 오늘 투자라는 바다에 나선다면, 항해의 나침반으로 호사다마와 새옹지마를 마음에 새겨 보기 바란다. 어느 날의 성공이 언제든 위험으로 이어질 수 있고, 예기치 못한 실패가 오히려 새로운 가능성의 문을 열어 줄 수 있다는 것. 이 두 속담은 투자의 본질을 정확히 꿰뚫고 있다.

돈이 지식을
이길 수 없는 순간

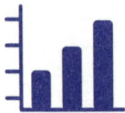

돈이 많다고 해서 모든 문제를 해결할 수 있는 것은 아니다. 오히려 잘못된 선택을 하면 가진 돈마저 허공으로 사라질 수 있다. 처음 부동산 경매에 뛰어든 사람, 이제 막 사업을 시작한 사람, 투자에 도전하는 사람 누구나 한 번쯤 '지금 내가 제대로 하고 있는 걸까?'라는 불안감에 휩싸인다. 문제는 그 불안이 현실이 될 때다.

경험이 부족하면 실수는 피할 수 없다. 필자 역시 마찬가지였다. 지난 시간 만약 전문가의 도움 없이 모든 일을 혼자 해결하려 했다면 결국 더 많은 돈과 시간을 잃어버렸을 것이다. 하지만 적절한 시점에 제대로 된 전문가를 찾아 막막했던 문제를 깔끔하게 정리할 수 있었다.

▶ 전문가의 차이, 3,000만 원을 만든 한 끗

몇 년 전, 평택 고덕에 상가 주택을 신축하면서 예상치 못한 세금 문제에 부딪혔다. 준공을 마친 후 시공사에 공사비를 지급하면서 부가가치세(VAT)까지 포함된 금액을 송금하는 것이 당연한 절차라고 생각했다. 그러나 이후 임대사업자 등록 과정에서 문제가 발생했다.

상가 주택의 구조를 보면, 주택 임대는 면세 대상이지만 상가 임대는 부가세 과세 대상이다. 이러한 차이를 정확히 몰랐던 필자는 처음에 주택 임대만 고려하여 면세사업자로 등록했다. 하지만 시간이 지나고 나서야 상가 부분이 과세 대상임을 알게 되었고, 부랴부랴 일반 과세사업자로 변경했다. 그러나 이미 시공사에 납부했던 부가세 1억 원 중 상가 부분에 해당하는 3,000만 원을 환급받을 수 있는 사실은 알지 못했다.

문제 해결을 위해 시공사 담당 세무사에게 문의했지만, "이미 신고가 완료되어 환급이 어렵다"는 냉정한 답변을 듣게 되었다. 순간 머릿속이 복잡해졌다. 이미 납부한 세금이라 돌려받을 방법이 정녕 없다는 것인가? 막막함 속에서 포기해야 하나 고민이 깊어졌다.

그러던 중, 지인의 추천으로 새로운 세무사와 상담할 기회를 얻었다. 그 세무사는 이야기를 듣고 상황을 차근차근 분석하더니 시공사에 지급한 부가세 중 일부는 환급이 가능하다고 설명했다. 부가가치세법에 따르면, 사업자가 부담한 부가세는 매입 세액으로 공제받을 수 있어 정확한 절차를 거치면 환급이 가능하다는 설명이었다.

처음에는 믿기지 않았지만, 그 세무사는 구체적인 해결 방안을 제시했다.

우선, 정확한 환급 절차를 밟기 위해 계약서와 세금계산서, 송금 확인증 등 시공비와 관련한 모든 증빙 자료를 준비했다. 그리고 이전에 잘못 신고된 내역을 바로잡기 위해 정정 신고를 진행했다. 과세 당국에 환급 신청서를 제출하면서, 왜 초기에 환급 신청을 하지 않았는지에 대한 사유를 상세히 소명했다. 복잡한 서류 작업과 절차는 모두 세무사가 맡아 주었고, 나는 필요한 자료만 제공하면 되는 상황이 되었다.

필자가 시공사에 지급한 공사비에는 상가와 주택을 모두 포함한 부가세 10%가 포함되어 있었다. 하지만 임대주택(주택 부분)은 면세 대상이므로, 주택에 대한 부가세 납부는 필요하지 않은 비용이었다. 따라서 상가 부분에 해당하는 부가세만 환급이 가능했다.

- 총공사비: 10억 원(부가세 포함 11억 원)
- 상가 면적 비율: 30%, 주택 면적 비율: 70%
- 부가세 10%: 1억 원
- 환급 가능 부가세: 상가 면적(30%)에 해당하는 3,000만 원

그렇게 필자는 3,000만 원에 달하는 부가세를 환급받을 수 있었다. 처음에는 불가능하다고 들었던 금액을 세무사의 조력 덕분에 되찾을 수 있던 것이다. 만약 그 세무사를 만나지 않았다면, 아마 이

금액을 포기해야 했을지도 모른다.

이 경험을 통해 전문가의 조언이 얼마나 중요한지를 다시금 깨닫게 되었다. 같은 세무 업무라도 그저 정해진 신고를 처리하는 것과 복잡한 소명 과정을 통해 문제를 해결하는 것은 천지 차이라는 점을 알게 되었다. 작은 실수 하나가 큰 손실로 이어질 수도 있고, 반대로 제대로 된 전문가를 만나면 그 손실을 막을 수도 있다는 것을 배운 값진 경험이었다.

▶ 허위 유치권과의 싸움, 법무사가 바꾼 낙찰의 운명

몇 년 전, 책 한 권을 읽고 용기를 내어 부동산 경매에 도전했다. 수원 인계동의 한 오피스텔이 유치권(留置權)[18] 신고가 되어 있었지만, '설마 큰 문제가 되겠어?'라는 마음으로 입찰했고, 얼떨결에 낙찰까지 받았다. 그러나 낙찰의 기쁨을 느낄 새도 없이 특수 물건을 다뤄 본 적 없던 필자는 곧바로 현실의 벽에 부딪혔다.

☞ 허위 유치권이 걸린 부동산, 어떻게 처리해야 할까?

낙찰 이후 가장 먼저 떠오른 것은 '어떤 절차를 거쳐야 이 문제를

---

18 권리(권, 權)를 붙잡아(유치, 留置) 두어 유지한다는 뜻으로, 채권자가 채무자의 재산을 점유하여, 채무가 이행될 때까지 그 재산을 유지하거나 처분할 수 있는 법적 권리를 의미한다.

해결할 수 있을까?'라는 고민이었다. 책을 통해 법적 절차를 공부하긴 했지만, 실제 경험은 전혀 없던 터라 막막하기만 했다. 특히 소유권(등기) 이전을 위해 어떤 실무 절차를 밟아야 하는지도 전혀 감이 오지 않았다. 인터넷을 찾아보니 '혼자서도 충분히 가능하다'는 호기로운 의견도 있었지만, 경험이 부족한 상태에서 자칫 실수라도 하면 시간이 지연되고 추가 비용이 발생할 것은 불 보듯 뻔한 일이었다. 결국 시간을 줄이고 실수를 방지하기 위해 법무사의 도움을 받기로 했다. 마음은 먹었지만, 어떤 법무사를 선택해야 할지 몰라 나름의 기준을 정하고 신중하게 조사했다.

☞ 지역 기반 검색

먼저 '부동산 등기 법무사'로 검색하여 가까운 곳에 있는 사무소를 찾았다. 방문과 소통이 편리해야 진행 과정에서 불필요한 시간 낭비를 줄일 수 있기 때문이다.

☞ 후기 및 경험 확인

블로그와 커뮤니티를 살펴보면서 '절차를 상세히 설명해 준다', '친절하다', '유치권 문제 해결 경험이 많다'는 후기가 많은 곳에 주목했다.

☞ 직접 상담 요청

고민 끝에 두세 곳을 정해 전화를 걸어 직접 상담을 요청했다. 특히 다음과 같은 질문을 던졌다.

"유치권이 걸린 오피스텔을 낙찰받았습니다. 허위 유치권을 밝히고, 명도소송 및 등기 이전까지 진행하고 싶은데 어떤 절차를 밟아야 하나요?"

"필요한 서류는 무엇인가요?"

"비용은 얼마고 추가 비용이 발생할 가능성이 있나요?"

어떤 법무사는 질문에 꼼꼼히 답해 주었고, 어떤 곳은 금액만 대충 알려 주거나 귀찮은 듯한 태도를 보였다. 결국, 절차를 상세히 설명해 주고 예상 비용을 투명하게 공개한 법무사를 선택했다.

담당 법무사는 먼저 낙찰받은 오피스텔의 경매 기록과 유치권 신고 내용을 면밀히 검토했다. 유치권이 성립하려면 채권자가 부동산을 실제로 점유하고 있어야 하지만, 해당 오피스텔은 공실이었다. 법무사는 건물 관리인을 통해 이를 확인하고 유치권 신고가 실질적으로 성립되지 않는다는 근거를 확보했다.

다음 단계는 유치권자의 주장을 반박하는 일이었다. 유치권자가 제시한 금액은 과도했고, 그 근거도 부족했다. 법무사는 이를 논리적으로 반박하며 협상을 진행했다. 혼자 협상에 나섰다면 법적 근거를 충분히 제시하지 못해 불리한 상황에 놓였을 수도 있지만, 법무사가 중재자로 나서면서 부담을 덜 수 있었다.

결국에는 유치권 문제가 해결되었고, 등기 이전 절차를 진행했다. 법무사는 등기부상 유치권 관련 사항이 남아 있지 않도록 철저히 검토하며 마무리했다.

　이러한 경험을 통해 법무사의 역할이 그저 행정 처리에만 그치는 것이 아니라, 실제 문제를 해결하는 중요한 조력자라는 점을 깨달았다. 특히 필자의 경우와 같이 유치권이 걸린 특수 물건을 다룰 때는 경험이 많은 법무사를 찾는 것이 중요하다. 모든 법무사가 유치권 문제를 다룰 수 있는 것은 아니므로 해당 분야에 대한 경험과 노하우가 있는 전문가를 신중하게 선택해야 한다.

　만약 소유권 등기 이전이 목적이라면, 가까운 지역의 법무사를 찾아 '법무통'이나 '숨고' 같은 플랫폼을 활용하여 비용과 후기를 비교하며 선택하는 것도 방법이다. 하지만 유치권이 얽힌 복잡한 부동산이라면, 단순 가격 비교보다는 전문성을 우선해야 한다.

　결국, 법무사의 경험과 구체적인 분석 덕분에 낙찰받은 오피스텔의 유치권 문제를 해결하고 안전하게 소유권 이전을 마칠 수 있었다. 만약 혼자 해결하려 했다면 더 많은 시간과 비용이 들었을 수도 있었다. 법무사를 선택할 때 저렴한 비용만을 고려할 것이 아니라, 문제 해결 능력과 신뢰도를 최우선으로 해야 한다는 점을 다시 한번 실감한 경험이었다.

투자 피드백 루프: 결과를 분석하고 개선하는 방법

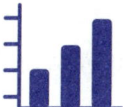

투자는 한두 번의 성공이나 실패로 평가할 수 있는 일이 아니다. 소위 '운발'로 수익을 올렸다고 거기에 만족해 버리면 다음에 닥칠 위험을 대비하지 못하게 된다. 반대로 잠깐 손실을 보고 겁먹어 버리면 시장이 줄 수 있는 무궁무진한 기회를 놓치게 된다.

결국 중요한 건 매 순간의 결과를 '어떻게 돌아보고 개선해 나가느냐'일 것이다. 이러한 일련의 과정이 바로 투자 피드백 루프다. 이제 투자자로서 끊임없이 성장해 나가는 길을 안내하고자 한다.

▶ 감(感)에서 벗어나기

흔히들 투자 결과가 좋으면 '아, 내가 잘했네!'라고 넘어가고, 반대로 안 좋으면 '시장이 안 도와줬어…'라며 대충 책임을 돌린다. 하지만 그 사이에 놓쳐 버리는 소중한 정보들이 너무 많다. 어떤 판단이 옳았고 어떤 부분을 놓쳤는지, 또 시장 흐름은 내가 예측한 대로 흘렀는지, 예측과 달랐다면 그 원인은 무엇이었는지 등등……

투자 피드백 루프는 말 그대로 '투자에 대한 피드백'을 규칙적으로, 구체적으로 수행하자는 개념이다. 잘못된 길을 자꾸만 되풀이하지 않도록 그리고 찰나의 운으로 얻었던 성공을 실력으로 만들어 갈 수 있도록 스스로를 점검하는 과정이다.

하나의 예시를 들어 보자.

처음에는 '**목표 설정(Plan)**'이 필요하다. 왜 투자하는지, 어느 정도 수익을 기대하는지, 감당할 수 있는 손실 한도는 얼마인지 등을 정한다. '3년 뒤 아파트 입주금 마련'처럼 구체적인 목표가 있을 수도 있고 '1년간 투자 원금 대비 10% 이익'이라는 식으로 수치를 설정할 수도 있다. 이렇게 뚜렷한 좌표를 잡아 두어야 시장이 출렁일 때 중심을 지킬 수 있다.

그다음에는 당연히 '**투자 실행(Execute)**' 단계가 온다. 여기서 중요한 건 미리 세워 둔 목표와 전략을 충동적으로 바꾸지 않는 것이다. 투자판은 항상 시끌시끌하다. 뉴스에선 하루가 멀다고 호재와 악재를 떠들어 대고 주변 사람들도 '이 종목 물 들어올 때 노 젓자'며 부추

기거나 '무조건 팔아야 해!'라고 겁을 주기도 한다. 그때마다 감정적으로 매매에 뛰어들면 야심 차게 세웠던 목표와 원칙이 모두 흐트러지게 된다.

그렇게 매매를 마치면 한숨 돌리며 이제 됐다고 끝내는 게 아니라 그 과정을 '기록(Record)'해 둬야 한다. 언제, 얼마나 샀고 팔았는지 그때는 왜 그렇게 판단했는지, 그리고 매수·매도 순간 나의 심리는 어땠는지. 현재 시점에서는 귀찮아 보여도 나중에 돌아볼 때 그 기록만큼 분명한 스승이 없다.

한 주기의 매매가 완료되면 이제는 '결과 분석(Analyze)' 단계로 넘어가게 된다. 여기서 가장 금물은 숫자만 보고 '수익이면 성공, 손실이면 실패'라고 결론지어 버리는 것이다. 성공에도 우연이 있고 실패에도 배울 점이 있다. 수익률 말고도 시장 상황이나 기업 펀더멘털, 매수·매도 타이밍, 나의 심리 상태 같은 요소를 골고루 돌아봐야 한다. 특히 자신이 예상한 시나리오와 시장이 실제로 어떤 차이가 있는지를 비교하다 보면 어느새 투자 실력이 한 단계 올라가는 순간이 찾아온다.

분석한 다음에는 당연히 '개선(Adjust)' 단계가 따라온다. 늘 잘못되는 부분이 있으면 그걸 막기 위한 장치(손절 라인을 설정한다든지, 분할 매수를 습관화한다든지)를 도입한다. 이미 괜찮은 전략을 쓰고 있었다면 더 다듬어 본다. 그런 다음에는 자연스럽게 '학습(Learn)'이 뒤따른다. 나만의 투자 기록을 복기하면서 책이나 강의, 혹은 전문가들의 리포트를 참고해서 '이 부분은 이런 식으로 고칠 수 있겠군.' 하는 식으로 또 한 뼘 성장하는 것이다.

▶ 숫자는 기억을 속이지만, 기록은 거짓말을 하지 않는다

처음 투자를 시작할 때는 오로지 '주가가 올랐나? 떨어졌나?'만 신경 쓰게 된다. 수익이 나면 기분이 좋고, 손실을 보면 세상이 끝난 듯 낙담한다. 하지만 시간이 지나면서 깨닫게 된다. 중요한 건 결과가 아니라 그 과정에서 내가 무엇을 배웠느냐인 것이다.

필자도 온 국민의 희망 '삼전 주식'에 투자한 적이 있었다. 반도체 업황이 곧 회복될 거라는 전망을 보고 '1년 내 15% 수익'을 목표로 6만 원대에 매수를 했다. 그리고 1년 뒤 주가가 7만 원에 도달했을 때 매도해 16% 수익을 보았다. 겉으로 보기엔 제법 성공적인 거래다. 하지만 투자 기록을 되짚어 보니 8만 원 근처까지 치솟았던 시점이 있었다. 당시엔 '이거 너무 오른 거 아냐?'라는 생각이 들어 반절을 미리 팔아 버렸다.

지금 돌이켜 보면, 막연한 불안감 때문이었다. 처음 목표한 '1년 보유' 원칙을 지켰다면 더 높은 수익을 거뒀을지도 모른다. 시장이 어디로 갈지는 아무도 모르지만, 적어도 자신의 결정이 충동적이었는지 합리적인 판단이었는지는 기록을 통해 냉정하게 파악할 수 있다.

그렇다면 다음 투자는 어떻게 달라질까?

이전 실수를 돌아보며 '목표가에 도달하기 전엔 미리 팔지 않는다.', '갑작스러운 변동에도 흔들리지 않도록 손절선과 목표가를 사전에 정해 둔다.' 같은 전략으로 보완할 수 있다. 이러한 피드백 과정을 꾸준히 반복하면 어느 순간 나만의 투자 패턴도 또렷하게 보이기 시작한다.

'나는 시장이 급등하면 너무 빠르게 겁을 먹고 매도하는구나.'

'반대로 떨어질 때 빨리 손절해야 하는데, 미련을 버리지 못하고 손실을 키우는 경향이 있네.'

'이 종목은 실제로 분석해 보니 펀더멘털이 안 좋았는데 그저 정체 모를 소문에 휩쓸려 샀구나.'

이렇게 자신을 객관적으로 돌아볼 수 있을 때 비로소 투자자는 한 단계 성장하게 되고 더 이상 남들 말에 휘둘리지 않는다. 그렇게 어제와 같은 실수를 반복하는 대신 조금씩 더 나은 결정을 내릴 수 있는 사람이 되어 간다.

▶ 투자 일지는 시간이 지나도 변하지 않는 최고의 멘토

문제는 바쁜 일상에서 이런 피드백 과정을 꾸준히 기록하는 게 쉽지 않다는 점이다. 장이 끝나면 새로운 종목을 찾아보느라 바쁘고 그날의 등락에 마음이 쏠려 복기할 시간을 잊어버리기 쉽다.

하지만 하루 단 10분이라도 투자 기록을 정리하는 습관을 들이면 그 효과는 나중에 배로 돌아올 것이다. 몇 주 혹은 몇 달이 지나 다시 읽어 보면 기록은 그저 숫자가 아니라, 당시의 감정과 판단 과정까지 선명하게 떠오르게 해 준다. 머릿속 기억만으로는 불가능한 일이지만, 기록은 시간이 지나도 변하지 않는다. 과거의 나 자신이 미래의 나에게 주는 최고의 조언이 된다.

또 하나 중요한 것은 외부 정보를 무조건 받아들이지 않는 것이다. 예를 들어 전문가가 '지금은 채권 비중을 늘려야 한다'고 조언할 때, 그냥 무작정 수용할 게 아니라 자신의 포트폴리오와 목표에 맞는지 먼저 점검해야 한다. 그간 쌓아 온 기록과 데이터를 대조해 보면서 '이 전략이 내 투자 원칙과 일치하는가?'를 고민하는 습관을 들이면 남들이 뭐라고 하든 나의 중심을 지키는 힘이 생기게 된다.

이러한 과정이 반복되면 결국 투자 성과뿐 아니라 자신의 의사 결정 자체가 완성되어 간다. 설명할 수 없는 감이 아니라 데이터와 경험을 바탕으로 판단하는 투자자가 되어 가는 것이다.

한때는 '오늘은 얼마 벌었나?'만 신경 쓰던 사람이 점차 '이번 투자의 과정에서 내가 배운 것은 무엇인가?'를 고민하는 투자자로 바뀌어 간다. 그리고 이 작은 변화가 멀리 보았을 때는 엄청난 차이를 만드는 것이다.

▶ 매 순간을 배우고 나아가는 힘

이 책의 마지막에 이 내용을 담는 이유는 간단하다. 재테크든 주식이든 부동산이든 어떤 형태의 투자라도 결국엔 '과정에 대한 성찰과 개선'이 없으면 오랫동안 살아남기 힘들기 때문이다. 물론 적어도 한두 번은 운이 좋아서 수익을 낼 수 있다. 하지만 언제까지나 운에만 기댄 채로는 앞으로 나아갈 수 없다.

진짜 성장은 수익 그 자체가 아니라 자신이 어떻게 그 수익을 만들어 냈는지, 또 왜 손실을 봤는지를 아는 데서 비롯된다. 그리고 그 지점에서 한 걸음 나아가 다음번에는 더 나은 판단을 하겠다고 스스로에게 약속하는 것이야말로 한 사람의 투자자를 단련시키는 원동력이 된다.

살다 보면 투자 말고도 전혀 예상하지 못하게 부딪히는 순간이 많다. 그때도 피드백 루프를 떠올려 보면 어떨까. 목표를 정하고 실행하고 기록하고 분석하고 개선하고, 또 배우고……. 이 과정을 반복하는 한 작은 실수나 일시적인 실패는 우리의 앞날을 어둡게 만드는 장애물이 아니라 더 단단해지도록 돕는 디딤돌이 될 수 있을 것이다.

자, 이제 이 책을 덮고 나만의 투자 기록을 열어 볼 시간이다. 그리고 가감 없이 내 선택과 결과를 돌아보자.

'이번에는 왜 이 판단을 했지?'

'과연 그 판단이 유효했을까?'

'이제 다음에는 어떤 보완책을 세워야 할까?'

이러한 질문들에 스스로 답해 가다 보면 언제 올지도 모를 운을 바라는 단계에서 벗어나 조금씩 확신을 쌓아 가는 투자자로 성장하게 될 것이다. 앞으로 매 순간 배움을 놓치지 않는 당신을 응원한다.

경제적 자유 그 이후, 더 큰 그림을 그리다

"경제적 자유는 단순히 돈을 많이 버는 것이 아니라,
자신이 원하는 삶을 살 수 있는 능력을 의미합니다."

— 로버트 기요사키

▶ 삶의 질 향상: 시간과 돈을 활용하는 새로운 방식

경제적 자유가 당신에게 준 것 중 가장 큰 변화는 무엇인가? 그것은 시간에 대한 완전한 통제권이다. 시간은 더 이상 돈을 위해 소모되지 않는다. 이제 당신의 시간은 당신만을 위한 것이다. 삶의 질을 높일 수 있는 새로운 기회를 제공받은 것이다.

필자가 경제적 자유를 이루고 나서 가장 먼저 한 일은 나에게 주어진 시간을 다시 나누는 것이었다. 이전에는 하루 종일 돈을 벌기 위한 일에 매달렸다면, 이제는 그 시간을 나 자신을 돌보는 데 쓰기 시작했다. 운동을 하면서 신체와 마음의 균형을 되찾았고, 가족과 함께하는 시간이 늘어났다. 삶의 균형이 잡히기 시작했다. 이것이 바로 경제적 자유가 가져다준 가장 큰 변화였다.

이제 당신도 선택할 수 있다. 당신의 시간은 오롯이 당신의 것이다. 무슨 일을 할지, 어디에 시간을 쓸지, 그 모든 선택의 자유가 당신에게 있다. 그 시간 속에서 자신을 발견하고, 진정으로 원하는 삶을 살 수 있게 된다. 더 이상 돈에 끌려다니지 않고, 시간을 즐기며, 삶의 질을 한 단계 높여 가는 새로운 방식을 찾아보자. 그 과정에서 당신은 자유로운 삶의 진정한 가치를 깨닫게 될 것이다.

▶ 새로운 목표 설정: 돈이 아닌 꿈을 향해 나아가라

돈을 벌어야 한다는 생각에서 벗어날 수 있는 순간, 당신의 시야는 어떻게 변할까? 끈질기게 괴롭히던 경제적 걱정과 난관이 사라지고, 그 자리에 꿈이 자리 잡기 시작한다. 경제적 자유를 이룬 지금, 새로운 목표는 더 이상 돈에 중심을 두지 않는다. 당신의 열정과 가치를 실현할 목표를 세우는 것이 핵심이다.

필자가 경제적 자유를 이루던 날, 뜻밖에도 가슴 한편이 공허했다. 오랜 시간 달려온 끝에 도착한 곳이었지만, 마치 모든 것이 정지된 듯한 기분이 들었다. 그동안은 늘 목표가 분명했다. 퇴근길 지하철에서 내 지갑을 들여다보며, '이번 달은 얼마나 저축했지?', '다음 투자처는 어디지?'를 고민했다. 그렇게 살아왔기에 스스로를 움직이게 하는 연료가 '돈'이라는 걸 부정하지 않았다. 그런데 그 연료가 필요 없어진 순간, 그대로 멈춰 버렸다. 더 이상 돈을 위해 움직일 필요가 없어졌을 때, 오히려 삶의 방향을 잃고 있었다. 경제적 자유라는 것이 마치 놀이동산의 마지막 퍼레이드처럼 반짝이고 화려하긴 했지만, 그 퍼레이드가 끝나자 갑작스럽게 정적이 찾아왔다.

한동안은 여유를 누려 보려 했다. 늦잠을 자고, 평일 낮에 카페에서 커피를 마시며 책을 읽는 시간은 달콤했다. 그러나 시간이 흐를수록 그 여유가 허전함으로 변해 갔다. 어느새 책장을 덮고 창밖을 멍하니 바라보며 생각에 잠기곤 했다.

'지금 이 시간, 나는 과연 무엇을 위해 존재하는가?'

처음엔 이런 질문조차 낯설었다. 그동안 삶이란 곧 '벌이'였다. 그런데 막상 해야만 하는 것이 사라지니, 하고 싶은 것이 뭔지조차 몰랐다. 이 지점에서 진짜 나를 들여다보게 되었다.

그때부터 질문의 방향을 완전히 바꾸었다. '얼마나 벌까?'가 아니라 '무엇을 하고 싶나?'로. 단순한 전환처럼 들리지만, 이 질문은 삶 전체의 궤도를 바꿔놓았다. 노트를 펴고 적어 보았다.

"어릴 적엔 글쓰기를 좋아했지, 누군가에게 내 이야기를 전하는 걸 즐겼지."

재테크를 하며 쌓은 노하우와 실패담도, 어쩌면 누군가에게는 도움이 될 수 있겠다는 생각이 들었다. 그렇게 조심스레 글을 쓰기 시작했다. 블로그에 한 줄씩 기록하며 경험을 정리했고, 강연을 요청받아 사람들 앞에 서 보기도 했다. 놀랍게도, 그 과정에서 다시 살아 있음을 느꼈다. 돈을 벌기 위한 움직임이 아닌, 진심으로 좋아하는 일을 향한 움직임이었다.

경제적 자유는 종착지가 아니라 새로운 출발점이었다. 돈을 벌기 위해 달려왔던 시간은, 그 자체로도 의미 있었지만, 결국 진짜 원하는 삶을 탐색할 수 있는 기반이 되어 주었다. 그동안은 현실을 감당하느라 꿈을 미뤄 뒀던 사람들이 많을 것이다. 하지만 막상 경제적 여유가 생긴 뒤, 오히려 방향을 잃고 멍하니 서 있게 되는 경우도 많다. 필자 역시 그랬다. 하지만 중요한 건, 그 이후다. 더 이상 돈이 삶의 목적이 아니게 되었을 때, 당신을 앞으로 나아가게 할 꿈은 무엇인가? 이 질문에 답하는 것이야말로 진짜 자유를 찾아가는 여정이다.

이제 당신도 그 시점에 서 있다. 오랫동안 마음속에 담아 두었던 꿈이 무엇이었는가? 그동안은 돈 때문에 혹은 시간이 부족해서 미루었던 것들이 떠오를 것이다. 요리사가 되고 싶었나? 음악을 배우고 싶었나? 아니면 책을 쓰고 싶었는가? 이제 더 이상 변명할 필요가 없다. 돈이 모든 문제의 근원이 아니게 되었을 때, 당신은 꿈을 향해 걸어갈 자유를 얻게 된다.

경제적 자유는 그저 돈을 버는 일에서 해방되는 것이 아니다. 그보다 당신의 꿈을 현실로 만들 기회를 주는 시작점이다. 지금이 바로 그 시점이다. 돈이 아닌, 당신의 꿈을 향해 나아가라. 그 순간, 진정한 자유를 느끼게 될 것이다.

▶ 물질적 부의 끝에서 만난 성공의 진짜 얼굴

물질적 부는 성공을 완성하는 하나의 구성 요소라고 생각한다. 경제적 안정과 다양한 기회를 제공하기 때문이다. 단, 정신적 건강과 인간관계의 중요성도 간과해서는 안 된다. 즉, 경제적 안정은 삶의 질을 높이는 데 중요한 요소지만, 물질적 부만으로는 진정한 행복을 이루기는 어렵다.

진정한 성공은 물질적 부를 넘어 개인의 가치와 만족감, 사회적 기여와의 균형 속에서 이루어진다. 이러한 마인드를 가지고 필자는 경제적 자유를 추구하면서도 정신적 건강과 인간관계를 소홀히 하지 않았다. 재정적 안정을 이루기 위해 부단히 노력하는 과정에서도 가족과의 시간을 가장 우선하였고, 자녀들과의 유대감을 강화하기 위해 노력하기도 했다. 또한, 친구들과의 관계를 유지하며 사회적 네트워크를 확장하는 데에도 신경을 썼다. 이러한 노력은 필자에게 물질적 부 이상의 만족감을 주고 있다. 만약 오로지 물질적 풍요로움만을 위해 앞만 보고 달렸다면 어땠을까? 아마 지금 이 자리에 오는 도중에 이미 지쳐 쓰러져 버렸을지도 모른다.

물질적 부가 주는 장점은 분명히 있다. 경제적 안정은 더 나은 교육과 의료, 다양한 문화생활을 누릴 기회를 제공한다. 그러나 이는 진정한 행복을 이루기 위한 하나의 요소일 뿐이다.

▶ 사회적 기여와 나눔: 부의 참된 가치 찾기

돈은 우리를 자유롭게 하지만, 그 자유가 진정한 가치를 가지기 위해서는 다른 사람들과 나눌 수 있어야 한다. 경제적 자유를 이루면 누구나 한 번쯤 멈춰 서게 된다. 그리고 그 순간 문득 스스로에게 묻게 된다.

'이제 이 돈을 어디에 쓸까?'

필자 또한 그랬다. 경제적 안정이라는 목표를 향해 쉼 없이 달려왔지만, 막상 도착하고 보니 낯설고 어색한 침묵이 감쌌다. 분명히 오랫동안 이 순간을 꿈꿨다. 자유롭게 시간을 쓸 수 있고, 돈 걱정 없이 원하는 것을 할 수 있는 삶. 그런데도 그 자유가 막상 손에 쥐어지니, 마치 목적지를 잃은 나침반처럼 방황하게 되었다.

그 무렵부터 돈의 새로운 사용처에 대해 고민하기 시작했다. 단순히 더 좋은 차를 타고, 더 좋은 집에 사는 것이 아니라, 이 돈이 사회와 연결되는 방식에 대해 진지하게 생각했다. 존 F. 케네디(John F. Kennedy)가 "우리가 진정으로 성장할 때는 자신만의 성공을 넘어서, 다른 사람들의 삶을 개선하는 데 기여할 때"라고 말한 것처럼, 돈이 단지 나의 욕망을 충족시키는 수단이 아니라, 나와 사회를 잇는 매개체가 될 수 있다는 사실을 깨달았다. 결국 '돈이 나를 위해 존재하는가, 아니면 내가 이 돈을 통해 더 나은 세상을 위해 존재할 수 있는가'라는 철학적인 물음으로 귀결되었다.

어릴 적 부모님은 늘 말씀하셨다.

"네가 잘되면 다른 사람도 도와야지."

그때는 그 말이 그냥 인사치레 같았다. 하지만 나이를 먹고, 사회에서 어느 정도 자리를 잡고 나니 그 말이 점점 깊은 의미로 다가왔다. 내 성공이 혼자만의 결과는 아니라는 자각, 그리고 지금 내가 가진 모든 것들이 결국 누군가의 배려와 도움 속에서 가능했음을 깨달았기 때문이다. 그렇기에 이제는 나도 누군가에게 그런 존재가 되고 싶다는 마음이 커졌다.

먼저 작은 기부부터 시작했다. 매월 정기적으로 지역 청소년 후원 단체에 일정 금액을 후원했고, 경제 교육 비영리 단체에 기부하며 미래 세대를 위한 교육에 힘을 보탰다. 처음에는 그저 의무감처럼 시작된 나눔이었지만, 시간이 갈수록 그 나눔이 주는 감정은 돈으로 환산할 수 없는 가치였다. 내가 누군가의 성장에 도움이 될 수 있다는 사실, 그것만으로도 필자가 이룬 경제적 자유가 더욱 의미 있게 느껴졌다.

또 하나의 변화는, 시간을 나누는 일이었다. 단순한 금전 기부를 넘어, 지식과 경험을 나누는 방식에 관심을 두기 시작했다. 부동산 투자와 금융 전략에 대한 강의를 요청받기 시작하면서, 누군가의 삶을 바꾸는 계기가 될 수도 있다는 책임감을 느끼게 되었다. 매달 진행하는 강의에서 참가자들과 눈을 맞추고, 이야기를 전하면서 느끼는 울림은 단순히 수입을 넘는 큰 보람이었다.

사회적 기여는 단지 남을 돕는 일에 그치지 않는다. 그것은 스스로 다시 한번 '무엇을 위해 사는가'를 묻고 답하는 과정이기도 하다. 혼자 잘 사는 삶은 생각보다 오래가지 않는다. 어느 순간부터 우리는 나 혼자의 성공이 아닌, 함께 살아가는 세상의 일원으로서의 역할을 고민하게 된다. 진정한 부는 '숫자'로 쌓이는 것이 아니라, '나눔'으로 살아나는 것이라는 점을 나는 나눔을 통해 배웠다.

▶ 미래의 당신에게: 이제는 당신의 이야기를 쓸 시간이다

'언젠가'라고 말하는 사람들은, 대개 그 언젠가를 영영 만나지 못한다. 하지만 당신은 다르다. 당신은 스스로의 힘으로 경제적 자유라는 한 시대의 결승선을 넘어섰다. 이제 남은 것은 새로운 출발선 위에 서서, 오롯이 자신의 이야기를 쓰는 것이다.

미래는 언제나 불확실하다. 그리고 그 불확실성은 우리 모두에게 공평하다. 하지만 그 안에서도 어떤 사람은 흔들리고, 어떤 사람은 길을 만든다. 당신은 이제, 길을 만들 수 있는 사람이다. 돈에 얽매이지 않고, 생계의 무게에 짓눌리지 않으며, 삶의 중심을 꿈과 가치로 되돌릴 힘을 가졌다. 그것이 바로 경제적 자유의 본질이다.

이제, 당신의 미래는 무한히 열려 있다. 더 이상 돈에 쫓기지 않고, 더 이상 타인의 기준에 맞춰 살지 않아도 된다. 이제는 당신이, 당신만의 이야기를 써 내려갈 시간이다.

과거를 잊지 말되, 과거에 머물지 마라. 그 모든 경험이 지금의 당신을 만들었고, 이제 당신은 그 경험 위에서 삶을 다시 설계할 수 있는 사람이다. 당신이 지금 쥐고 있는 자유는 아무것도 하지 않아도 되는 자유가 아니다. 오히려, 무언가 '하고 싶은 것'을 마음껏 할 수 있는 능동적인 자유다.

그러니 질문해 보자.

'앞으로 나는 어떤 이야기를 써 내려갈 것인가?'

그 질문에 대한 답을 찾는 여정이, 바로 당신의 다음 삶이다. 그리고 그 삶은, 아주 멋진 이야기로 완성될 것이다.

Q&A: 스마트한 투자와 금융 전략

●○●

▶ 부동산 임대 투자

Q: 임대 사업을 처음 시작하는데, 소형과 중대형 중 어떤 것이 유리할까요?

A: 선택은 투자 목적과 자금 상황에 따라 달라집니다.

● **소형(원룸, 오피스텔) 투자**

초기 투자금이 적고 접근성이 높아 초보 투자자에게 적합합니다. 공실 리스크가 낮고, 회전율이 빠르며, 수요가 꾸준합니다. 하지만 임대 수익률이 다소 낮을 수 있고, 관리 비용 대비 수익이 크지 않을 수도 있습니다.

● **중대형(다가구, 상가 주택) 투자**

한번 공실이 발생하면 리스크가 크지만, 장기적으로 안정적인 수익을 기대할 수 있습니다. 여러 세대가 입주하므로 일부 공실이 있어도 수익 흐름이 유지될 가능성이 높습니다. 다만, 초기 투자금이 크고 관리 부담이 증가할 수 있습니다.

초기 투자금이 적고 빠른 회전율을 원하면 소형이 유리하며, 장기적인 안정성과 높은 수익을 추구한다면 중대형을 고려해야 합니다.

Q: 전세와 월세 중 어떤 방식이 더 유리할까요?
A: 전세와 월세는 각각 장단점이 있으며, 투자자의 목적과 시장 상황에 따라 적절한 비율을 조정하는 것이 중요합니다.

- **전세 투자**

  초기 보증금이 크지만, 한번 계약하면 장기간 안정적인 수익이 보장됩니다. 공실 부담이 적고, 임대료 연체 걱정이 적습니다. 하지만 금리가 낮을 때는 보증금을 운용해 얻을 수 있는 수익이 줄어들 수 있습니다.
- **월세 투자**

  꾸준한 현금흐름을 확보할 수 있어 수익 안정성이 높습니다. 하지만 공실 발생 시 즉각적인 수익 손실이 크고, 관리 부담이 증가할 수 있습니다.

전세와 월세를 혼합하여 운영하는 전략이 가장 효율적입니다. 즉, 금리 상승기에는 전세 비율을 높이고, 금리 하락기에는 월세 비율을 늘리는 것이 유리합니다.

▶ **예금담보대출**

Q: 예금담보대출을 받으면 신용등급이 하락하나요?

A: 아닙니다. 일반적인 신용대출과 달리, 예금담보대출은 담보가 존재하기 때문에 신용등급에 영향을 미치지 않습니다. 은행에서 이미 보유하고 있는 예금을 담보로 대출받는 방식이므로, 추가적인 채무 증가로 간주되지 않습니다.

▶ 금리 하락 대비 투자 전략

Q: 금리 하락기에는 왜 채권 투자(TLT)가 유리할까요?

A: 채권 가격과 금리는 반대로 움직이는 특성이 있습니다.

- 금리가 하락하면 → 채권 가격 상승 → 투자 수익 증가
- 금리가 상승하면 → 채권 가격 하락 → 투자 손실 가능성

특히, 장기 국채 ETF(TLT)와 같은 상품은 금리 변화에 민감하게 반응하기 때문에, 금리 하락기에는 유리한 투자 대상이 됩니다.

Q: 금리 인하가 주식시장에 미치는 영향은요?

A: 금리가 내려가면 대출 부담이 줄어 기업의 자금 조달이 쉬워지고, 이는 성장주(특히 기술주)와 배당주에 긍정적인 영향을 미칩니다. 하지만 금리 인하가 경기 둔화 신호로 해석될 경우, 일부 기업은 성장 속도가 더딜 수 있으므로 주의해야 합니다.

금리 하락기에는 채권(TLT)과 성장주 중심의 투자 포트폴리오를

고려하는 것이 유리할 수 있습니다.

▶ **GPL 투자**(Good Performing Loan)

Q: GPL 투자란 정확히 무엇인가요?

A: GPL(Good Performing Loan) 투자는 부동산 담보를 설정한 대부업 대출 채권에 투자해, 차주의 이자 상환을 통해 수익을 얻는 구조입니다. 투자자는 대출 채권에 참여하고, 수익과 리스크는 담보 가치와 권리 구조, 차주의 상환 능력에 따라 달라집니다.

Q: GPL 투자 시 주의할 점은요?

A: GPL 투자에는 수익성이 높은 만큼 몇 가지 리스크가 있을 수 있습니다. 따라서, 다음 사항을 반드시 검토해야 합니다.

- **담보 기반 대출인지 확인**

  GPL 투자는 담보가 있는 대출이 더 안전합니다. 무담보대출의 경우, 상환 불이행 위험이 높아질 수 있습니다.

- **대출 채권의 연체율 및 상환 이력 확인**

  연체율이 낮고, 정상적으로 상환되고 있는 채권인지 확인하세요. 기존 채권의 LTV(담보인정비율)이 70% 이하인지 검토하는 것이 중요합니다.

- **중도 환매 가능 여부 확인**

  일부 GPL 투자 상품은 투자 기간이 길어질 수 있습니다. 유동성을 확보하기 위해 중도 환매가 가능한 상품인지 반드시 체크하세요.

금융당국의 허가를 받은 업체인지 검토

정식 등록된 금융기관에서 운영하는 GPL 상품인지 확인하세요. 미

인가 업체에서 운영하는 투자 상품은 불법 대부업과 연계될 가능성

이 있으므로 주의해야 합니다.

부록

스마트한 투자 결정을 위한 체크리스트

●○○

▶ **부동산 임대 전략 수립 체크리스트**

● **입지 선정**

  ▫ 직장 · 대학 · 상권 등 유동 인구가 많은 지역인가?

  ▫ 주변 교통 · 생활 인프라가 충분한가?

● **공급 · 수요 분석**

  ▫ 주변 공실률이 얼마나 되는가?

  ▫ 최근 임대료 상승 · 하락 추이는 어떠한가?

● **임대 수익률 계산**

  ▫ 예상 수입–유지비(관리비, 세금, 수리비)=순수익

  ▫ 현재 시장 금리 대비 투자 대비 수익률

● **임대 계약 체크**

  ▫ 본인의 투자 성향과 유동성을 고려하여 전세/월세 중 선택했는가?

  ▫ 보증금 대비 수익률이 적절한 수준인가?

  ▫ 세입자의 신용도와 연체 가능성을 고려했는가?

● **공실 리스크 대비**

  ▫ 계약 공백 시 유동성 자금 확보 계획이 있는가?

□ 단기 공실 발생 시 대응 전략이 마련되어 있는가?

- **세금 및 법률 확인**

  □ 종합소득세, 양도세 등 세금 부담을 미리 계산했는가?

  □ 임대소득 신고 의무 사항을 숙지했는가?

▶ **예금담보대출 활용 체크리스트**

- **예금 대비 대출 한도 확인**

  □ 예금 금액 대비 대출 한도 비율(일반적으로 80~90%) 확인했는가?

  □ 예금담보대출과 신용대출의 최대 가능 금액을 비교했는가?

- **금리 비교**

  □ 신용대출 대비 금리(일반적으로 예금담보대출이 유리하지만, 경우에 따라 다를 수 있음)를 확인했는가?

  □ 예금 금리가 대출 금리보다 낮아지는 경우, 이자 비용을 고려했는가?

- **중도 상환 수수료 확인**

  □ 조기 상환 시 추가 비용(중도상환수수료)이 발생하는지?

  □ 단기 자금이 필요한 경우, 수수료 부담이 크지 않은가?

- **자금 사용 목적 확인**

  □ 단기적인 필요 자금인가, 장기적으로 활용할 계획인가?

  □ 대출금을 운용하여 예금 금리 이상의 수익을 낼 수 있는가?

- **상환 계획 수립**

  □ 대출 상환이 감당 가능한 수준인가?

□ 예금 만기와 대출 만기가 일치하는가?

▶ 금리 하락 대비 자산 포트폴리오 점검

● 고정금리 대출 조기 상환 검토
□ 현재 보유한 고정금리 대출이 있다면, 금리 인하 후 재조정이 가능한가?
□ 대출 금리를 낮출 수 있는 리파이낸싱 기회가 있는가?

● 채권 투자 확대
□ 장기 국채(TLT), 채권형 ETF 등의 비중을 확대할 계획인가?
□ 금리 하락 시 채권 가격 상승을 통한 수익을 기대할 수 있는가?

● 배당주 · 리츠 투자 검토
□ 금리 인하로 인해 수혜를 볼 수 있는 자산(배당성장주, 리츠 등)을 포트폴리오에 포함했는가?
□ 인플레이션 가능성을 고려하여 실물자산 투자(금, 부동산 등)를 추가할 필요가 있는가?

● 달러 vs. 원화 자산 비율 조정
□ 금리 하락기에 달러 약세 가능성이 있는 점을 고려했는가?
□ 원화 대비 달러 자산의 비중을 적절히 조절했는가?

● 대출 재조정 기회 체크
□ 기존 대출 금리를 낮출 수 있는 협상을 시도할 수 있는가?
□ 변동금리 대출을 고정금리로 전환할지 검토했는가?

▶ GPL 투자 사전 점검 체크리스트

- **담보 기반 대출인지, 무담보대출인지 확인**
  - ▢ 담보가 확실한 대출인지? (부동산 담보가 있는 대출이 더 안전)
  - ▢ 무담보대출의 경우 신중하게 검토했는가?

- **평균수익률 확인**
  - ▢ 연 10~18% 수준의 수익률이 일반적인지?
  - ▢ 투자 금액 대비 기대수익이 합리적인 수준인가?

- **간접 투자(질권) 대부업체의 신뢰성**
  - ▢ 해당 업체가 금융당국의 허가를 받은 합법적인 업체인가? 홈페이지 금융소비자정보포털 파인(FINE) / 한국대부금융협회(대부업체인 경우) 이용
  - ▢ 과거 연체율, 대출 채권 관리 이력이 양호한가? NICE신용평가, 한국기업데이터, 이크레더블 등 신용평가회사 또는 금융기관 내부 평가를 확인한다. 또한 기업 CB 보고서에서 확인 가능한 항목은 다음과 같다. 기업의 대출 채권 관리 상태 / 연체율, 채무 불이행 이력, 지급 보증 상태 / 매출채권 회수 상태 및 매입채무 이행 능력. 금융권에서는 이를 기업신용등급이나 여신심사평가로 활용한다.

- **투자 기간과 중도 환매 가능 여부 확인**
  - ▢ 투자 기간이 보통 1~3년 단위로 설정되는 점을 고려했는가?
  - ▢ 중도 환매(조기 상환 또는 매각)가 가능한 상품인지 확인했는가?

일본 부동산의 흥망성쇠: 버블과 회복의 연대기

●○○

【 실패와 기회가 교차한 일본 부동산 시장의 40년 흐름 】

시기	주요 사건	설명	투자 관점 인사이트
1980~1986	저금리 +엔화 약세	플라자합의(1985) 이후, 엔저 덕분에 수출 호황과 경기 과열이 이어짐	금융 완화가 자산 가격 상승을 유도할 수 있다는 사례
1987~1990	부동산 버블 최고점	일본 내 대도시 부동산 가격 폭등. 도쿄 황궁 부지는 캘리포니아주 전체보다 비싸다는 말까지 나옴	과열된 시장에 뛰어드는 것은 리스크가 큼
1991~1992	버블 붕괴	일본 은행의 금리 인상, 대출 규제 강화로 부동산 시장 폭락 시작	레버리지 과잉의 위험성, 유동성 회수기의 타이밍 중요성
1995~2000	장기 침체기 시작	가격 하락 지속, 전국 빈집 증가. 금융기관 연쇄 도산	실물자산보다 부채 부담이 부각되는 시기
2000~2008	국지적 회복	도쿄·오사카 등 일부 대도시 중심 회복 조짐. 외국계 자본 일부 유입	입지의 중요성 부각. 도시 중심지에 기회 존재
2009~2011	글로벌 금융위기 영향	세계적 경기 위축 여파로 회복세 둔화	외부 변수로 인한 경기 역풍에도 도심은 상대적 강세

2012~2020	아베노믹스와 양적완화	엔저 정책과 대규모 통화 공급. 도쿄 올림픽 유치로 부동산 자산에 기대 상승	정부 정책과 대형 이벤트가 자산 흐름에 미치는 영향
2020~2024	코로나 +저출산 고령화	지방 소멸 가속, 폐가 증가. 반면 도쿄·나고야 등은 여전히 활황	지방과 도심의 양극화. 도시 집중 전략 유효
2024~현재	재생 프로젝트 확대	'아키야 뱅크', 지방 리노베이션, 공유주택 프로젝트 등 활발	지역재생+리모델링이 새로운 수익 모델로 부상

저축과 투자의 습관을 기르는 재테크 첫걸음

월급날의 기적을 기다리지 않기로 했다

초판 1쇄 인쇄일 2026년 02월 13일
초판 1쇄 발행일 2026년 02월 27일

지은이 유승근
펴낸이 양옥매
디자인 표지혜
마케팅 송용호
교   정 정혜성

펴낸곳 도서출판 책과나무
출판등록 제2012-000376
주소 서울특별시 마포구 방울내로 79 이노빌딩 302호
대표전화 02.372.1537 **팩스** 02.372.1538
이메일 booknamu2007@naver.com
홈페이지 www.booknamu.com
ISBN 979-11-6752-769-1 (03320)